KB189597

혜총 스님의
아미타경 강설

혜총 스님의
아미타경 강설

조계종
출판사

아미타불의 공덕은 불가설 불가설

　서방정토의 교주이신 아미타불의 공덕은 설악산이 다 닳고 동해가 다 마른다 해도 불가설 불가설입니다. 아미타 부처님은 모든 중생을 다 편안하게 하겠다는 다짐으로 마흔여덟 가지 서원을 세워 성취 정토를 하였으니 시방세계에 그 은혜를 입지 않은 중생이 없습니다. 대승불교가 널리 퍼진 곳이면 어디든 아미타 신앙이 성행하는 것은 이런 공덕을 믿기 때문입니다.

　우리나라에 아미타 신앙이 전래된 것은 신라 때의 일입니다. 『아미타경』을 비롯한 정토삼부경이 전래된 이래 미타행자들은 곳곳에 미타찰을 장엄하고 현실정토를 구현했습니다. 극락전을 지어 아미타불을 모시고 큰 돌에는 '나무아미타불'을 새겨서 지나가는 행인도 아미타 부처님께 귀의토록 했습니다. 이로 인해 '나무아미타불'을 칭명하지 않는 사람이 없게 되었으니 십념왕생의 발원이 현실에서 이루어진 것입니다.

　전 조계종 포교원장 혜총 큰스님께서 『아미타경』을 강설한

뜻도 여기에 있습니다. 스님은 오로지 미타행을 널리 실천하여 성취 정토를 하고자 『아미타경』을 강설하셨습니다. 이로 인해 말법 중생은 의심을 버리고 미타신행을 날로 깊게 닦아 극락정토에 더욱 가까워질 것이니 이는 저 법장 비구가 48원을 세워 미타인행을 쌓은 원력에 견주어 보고 찬탄할 만한 일입니다.

바라건대 천하대중은 혜총 큰스님께서 『아미타경』 강설을 통해 가르친 미타행을 배우고 본받아 구품연화정토에 등진하셔서 삼계육도를 해탈하고 마침내 아미타불을 친견한 뒤 무상정등정각을 이루기를 축원합니다. 독자와 함께 옛 조사의 게송을 외워 미타행자 혜총 큰스님의 다함이 없는 큰 공덕을 거듭 찬탄합니다.

아미타불 계신 곳이 어디인가 阿彌陀佛在何方
사무치게 생각하여 잊지 말라 着得心頭切莫忘
생각이 다해 무념처에 이르면 念到念窮無念處
온몸에 늘 금색광명 빛나리라 六門常放紫金光

병신丙申년 중춘仲春
설악산 신흥사 조실 설악 무산雪嶽霧山 화남和南

나무아미타불 여섯 글자는
윤회를 벗어나는 지름길

염불念佛은 부처님이나 보살님의 모습을 마음속에 새기며 지극한 마음으로 명호를 불러 집중함으로써 번뇌와 망상을 없애고 깨달음을 이루어 불국정토에 왕생하는 수행 방법입니다.

일상에서 염불을 놓지 않고 꾸준히 행하면 어느새 마음이 안정되고 자신감이 넘치며 환희심이 생기는 까닭에 공부하는 수행자는 물론 세속의 재가신도들에게도 가장 널리 행해지고 있는 수행법이 바로 염불입니다.

염불은 위없이 높은 깨달음을 얻은 부처님을 마음속으로 생각하고 똑같이 행동하다 보면 부처님처럼 완벽한 깨달음에 이를 수 있다는 믿음이 수행의 하나로 정착된 것입니다. 기원후 2~3세기 무렵 『무량수경』, 『관무량수경』, 『아미타경』 등 정토삼부경이 보편화되면서 출가자는 물론 재가불자 사이에서도 큰 호응을 얻게 되었습니다.

대승불교의 개척자 용수, 마명, 세친 등에 의해 염불이 무량공덕의 수행법임이 인정되었고, 중국의 영명 연수 선사, 혜원, 인광 스님이 염불을 권하였습니다. 우리나라에 이르러서는 신라의 원효, 자장, 의상 스님 등에 의해 뿌리내렸으며 고려의 대각, 보조, 태고, 나옹 스님 등과 조선의 함허, 서산, 사명 스님으로 이어지며 참선과 염불을 융합한 선정일치의 견지에서 염불이 역설되었습니다.

근세 들어 중생의 업장이 아무리 두텁고 무거워도 부처님의 가피가 있으면 극락왕생할 수 있으며, 일단 정토에 가면 부처님과 보살님의 법력과 가피에 의해 누구나 해탈할 수 있기에 염불이야말로 숙세宿世의 업장으로 고통받는 중생에게 가장 적합할 뿐 아니라 불교를 중흥시킬 수 있는 수행법임을 간파하신 용성 대종사, 자운 대율사 등에 의해 오늘날 대중적인 불교 수행으로 널리 알려졌습니다. 그런데도 염불 수행이 쉽다 하여 여느 수행에 비해 열등한 방편인 것처럼 생각하는 것은 실로 안타깝다 하지 않을 수 없습니다.

이렇듯 염불은 석가모니 부처님을 비롯한 여러 불보살과 수많은 고승에 의해 강조돼 왔습니다. 부처님께서는 "나의 가르침을 말법 시대에도 수많은 중생이 행을 일으켜 도를 닦을 것이지만 마지막에는 한 가지 얻을 것이 있을 터인즉 그것은 오직 염불의 한 문이니라. 가히 통하여 그 길에 들어서서 염불을 하여 극락세계에 태어나기를 구하면 만 명 가운데 한 명도 실패하지 않을 것이다."라고 하셨으며, 중국의 영명 연수 선사는 "참선 수행이 없더라도 염불 공덕이 있으면 만 사람이 닦아 만 사람이 모두 정토에 갈 수 있다."고 밝혔습니다. 서산 휴정 스님도 "나무아미타불 여섯 글자 법문은 윤회를 벗어나는 지름길"이라고 후학들에게 가르쳤습니다.

불자 여러분!

부디 나무아미타불 염불 인연 공덕으로 현세에는 분별망상 여의어서 복된 나날 이루고 내세에는 다함께 극락왕생하여 구경에는 열반세계를 증득합시다. 급하고 급합니다.

끝으로 이 책은 불기 2559(2015)년 1월 14일부터 다음해 1월 23일까지 50회에 걸쳐《불교신문》에 연재된 법문을 묶은 것입니다. 흔쾌히 출판해 주신 조계종출판사와 편집해 주신 관계자 여러분께 고마움을 전하면서, 이 땅에 정토업의 길을 열어 주신 제불보살님과 역대 선지식께 엎드려 배례 올립니다.

불기2560년 4월

감로사 팔엽원에서 혜총 합장

부록

믿음으로 이르는 극락세계

왜 모든 불보살님은 한결같이 '원아속견아미타願我速見阿彌陀', 극락세계에 나서 속히 아미타 부처님 뵙기를 원했을까? 왜 큰스님들께서는 서방정토에 가서 나기를 발원했을까? 소납이 『아미타경』을 풀어 쓰는 것도 이 의문에서 출발한다.

아시다시피 '원아속견아미타'는 '원아광도제중생願我廣度諸衆生'에 연결되어 있다. 극락세계 아미타 부처님의 지혜광명을 입어 속히 사바세계로 돌아와 고통받는 중생을 구제하고자 하는 것이 바로 보살이 서방정토에 왕생하려는 목적이다.

불보살님이나 선지식의 마음은 이미 대자비심으로 충만하여 중생을 떠나서는 생각할 수 없기에 사바세계로 돌아오기를 서원한다. 그렇다고 해서 꼭 서방정토에 가서 아미타 부처님을 뵈어야만 보살도를 펼칠 수 있는가? 그렇다. 서방정토에 가야만 참다운 보살도를 구현할 수 있다. 왜냐하면 태어날 때부터 장님이었던 사람이 눈 밝은 사람의 길을 안내할 수 없는 것처럼 성문聲聞이나 보살이라 하더라도 부처님의 깊은 뜻을 알 길이 없기 때문이다.

소납이 40여 년 모셨던 자운 대율사께서도 아미타 부처님을 뵙고자 하셨다. 아미타불 종자 진언 "옴 바즈라 다르마 흐릿"을 하루에 일만 독讀 하는 일을 열반하신 그날까지 거르지 않으셨다. 그리고 평생 스스로에게, 또 남에게 부끄럽지 않은 모습으로 살아야 정토에 왕생할 수 있음을 강조하며 스스로를 상참괴승常慚愧僧이라 칭하셨다. 큰스님의 모습에서 소납은 절대적이고 결정적인 믿음, 신심이야말로 모든 수행의 근본임을 몸으로 배우게 되었다.

정토삼부경이라 칭해지는 『불설아미타경』, 『무량수경』, 『관무량수경』은 믿음의 경전이다. 믿음이 없이는 볼 수 없고, 또 믿음이 없는 사람에게는 믿는 마음을 일으키고, 믿음을 통해 참된 도道에 이르게 하는 경이다. 이 가운데서도 『불설아미타경』은 부처님께서 설하신 팔만사천의 경전 중에서 가장 믿음이 강조된 경전이다. 우리들이 극락세계를 믿고, 아미타 부처님을 믿고, 모든 선근과 공덕을 닦아서 서방정토에 왕생하는 길을 밝히고 있다.

『화엄경』에서도 "믿음이 도를 이루는 근본 공덕의 어머니여서 온갖 선법을 기르고 의심의 그물을 끊고 애착을 벗어나 위없는 열반의 길에 이르게 한다."라고 했다. 실로 믿음이 없이 세상에 이룰 수 있는 것은 아무것도 없다. 불교 수행에서도 믿음이 근본이다. 믿음으로부터 깨달음으로 나아가야 하는데 간절하고 진솔한 믿음의 밭을 일구지 않고 어느 날 깨달음의 과실이 하늘에서 뚝 떨어지기나 하는 줄 알고 있다.

부처님 당시 제자들이 아무도 극락세계와 아미타 부처님에 대한 질문을 하지 않자 부처님 스스로 확고한 믿음의 세계를 펴고자 설하신 무문자설경無問自說經이 『아미타경』이다. 그래서 『아미타경』 앞에 "불설佛說"이 붙는다. 부처님께서 왜 묻지도 않았는데 설하셨는지를 새겨보면서 운허 용하 스님이 우리말로 푼 『아미타경』에 해설을 덧붙여 소납이 살면서 느낀 예경과 미타신앙, 설화 등을 함께 말하고자 한다. 원효 스님께서 '나무아미타불' 여섯 글자만으로 민중이 부처님의 광대한 가피지묘력을 입게 하셨듯이 우리도 생활 속에서 순간순간 아미타 부처님을 가슴에 모시고 살아가기를 발원한다.

성자 구마라집 삼장

강설에 들어가기 전, 이 경經을 만날 수 있도록 번역해 주신 인연에 먼저 감사드림이 도리라 생각한다. 아시다시피 오늘날 우리가 독송하는 『아미타경』은 구마라집鳩摩羅什 삼장 법사가 한문으로 번역한 것이다. 스님은 티베트 북쪽 구자국(현재의 신장 쿠차)에서 태어났다. 아버지 구마라염, 어머니 지바의 이름을 따 구마라지바라 불렸다. 7세 때 출가한 스님은 어머니를 따라 인도 북쪽에 있던 계빈국 등 여러 곳을 유행하며 소승과 대승을 배우고 귀국해서는 율律을 배움으로써 경經, 율律, 론論 삼장에 통달한 삼장 법사가 되었다.

두뇌가 명석했던 스님은 불교의 교리뿐만 아니라 이웃 나라의 언어에도 밝아 인도와 중국에까지 명성이 자자했다. 그 명성을 들은 전진의 왕 부견이 여광이라는 장군에게 구자국을 침공해 구마라집 법사를 데려오라 했고, 스님은 패망한 나라와 백성들의 안녕을 위해 할 수 없이 전진으로 향했다. 스님이

여광 장군과 전진으로 향하는 도중에 후진의 왕 요흥에게 전진이 패망했다는 소식이 전해진다. 여광은 스스로 왕이 되어 항거하였지만 끝내 요흥에게 패하였다.

요흥은 스님을 장안으로 모시고 와 국빈으로 대접하며 서명각과 소요원을 지어 스님이 경전을 번역하고 도제를 양성하는 등 불법을 널리 전파하도록 배려했다. 그래서 오늘날 경전 서두에 '요진구자삼장, 요진삼장법사'란 명칭이 붙게 되었다. 스님은 열반할 때까지『아미타경』을 비롯해『성실론』,『대품반야경』,『묘법연화경』 등 74부 380여 권의 경전을 번역하고 삼천 명의 제자를 두었다.

파란만장한 삶을 산 스님은 생전에 '번뇌시도량(煩惱是道場, 번뇌 속에 깨달음이 있음)'을 강조했다. 인고의 세월을 살면서 숱한 마장 앞에서도 물러서지 않고 싸우며 깨달음의 길을 놓지 않은 스님 덕분에 우리가 불법의 진수를 만날 수 있다는 생각에 절로 고개가 숙여진다.

번역을 잘못하면 그 허물이 얼마나 큰지를 스님은 잘 알았다. 그 허물은 영원히 지워지지 않고 또 다른 숱한 오류를 재생산하며, 장님을 불 속으로 인도하는 것과 같다. 그런 줄 잘 알았기에 스님의 표현대로 남이 씹은 밥을 받아 내 입으로 씹어서 다시 다른 사람에게 먹이는 번역의 과정은 때로는 구역질이 나기도 하고, 독이 든 음식을 먹는 것과도 같았을 것이다.

수많은 사람이 그의 번역을 의심하기도 했지만 스님은『아미타경』을 비롯한 모든 경전의 번역이 부처님의 뜻에 결코 어긋나지 않는다는 자신이 넘쳤다.

열반이 임박하자 스님은 제자들에게 다비를 부탁하며 유훈을 남긴다.

"나는 우매한 자임에도 불구하고 많은 경전을 번역하였다. 그렇지만 내 번역은 원문과 다른 것이 한 군데도 없다. 만약 내 말이 부처님의 뜻에 맞는다면 나를 화장한 뒤에도 나의 혀만은 타지 않고 남아 있을 것이다."

불가사의하게도 입적 후 화장을 하자 스님의 혀만은 타지 않고 온전히 남아 있었다고 『고승전高僧傳』에 전한다.

덧붙여 강설의 본문으로 쓸 『한글 아미타경』이 세상에 나온 인연은 운허 용하 스님의 공덕이 크다. 감로사와 해인사, 보국사 등 전국에서 염불만일회와 대동염불회를 만들어 정토업을 닦았던 자운 큰스님이 운허 스님에게 『아미타경』의 번역을 부탁하셨고, 한글본이 나오자 수많은 사람이 기뻐하며 독송했다. 오늘 다시 소납이 선지식들의 무량자비심에 감사드리며 강설을 붙인다.

아미타경
강설

이와 같이
내가 들었다

이와 같이 내가 들었다. 어느 때 부처님은 1,250인이 나 되는 많은 비구들과 함께 사위국 기원정사에 계시었다.

———

대부분 경전의 서분은 '여시아문如是我聞', 즉 '이와 같이 내가 들었다.'로 시작한다. '부처님께서 이렇게 말씀하셨다.'고 하지 않고 '이와 같이 내가 들었다.'고 하는 것은 전달하는 사람의 삿된 견해가 들어가지 않았다는 의미로, 말씀의 객관적인 진실성을 증명한다. 칠엽굴에서 아난이 오백 명의 대중 앞에서 구술한 내용이지만 부처님 당시에 1,250명의 제자 모두가 이와 같이 들었다는 부처님 말씀의 진실성을 나타내는 말이다. 즉, 부처님이 말씀하신 것이므로 그대로 믿고 의심하지 않는다는 뜻이다.

경전의 서분을 표현하는 형식은 석가모니 부처님이 열반하려 할 때 아난과 부처님이 한 문답에 잘 나타난다. 아난이 "부처님께서 열반에 드시면 누구를 의지해서 수행해야 합니까?"라고 여쭙자, 부처님은 "너 자신을 믿어라. 다른 것은 믿지 말고 바른 법을 믿어라."라고 하셨다. 이어서 "성질 나쁜 비구가 괴롭히면 어찌해야 합니까?" 여쭈니 "아무 말 하지 말고 너 할 일만 해라." 하셨다. 또 "여자를 대할 때는 어찌합니까?" 여쭈니 "나이 많은 분은 어머니처럼, 어리면 동생처럼, 나이가 비슷하면 수행하는 벗처럼 대하여라." 하셨다. 이어서 "경전을 편찬할 때는 첫머리에 무슨 말을 써야 합니까?" 하고 여쭙자 "'이와 같이 내가 들었다. 언제 누구에게서 어디서 누구와 같이……'라고 쓰도록 해라."라고 대답하셨다.

'이와 같이 내가 들었다. 언제 누구에게서 어디서 누구와 같이'를 불교에서는 육성취六成就라 한다. 육성취는 경전의 첫 문장이 갖춰야 할 여섯 가지 형식을 말한다. ①여시如是, 즉 경전 내용에 해당하는 신성취信成就 ②아문我聞, 내가 들었다는 문성취聞成就 ③때를 나타내는 시성취時成就 ④말씀하는 주체, 즉 부처님을 뜻하는 주성취主成就 ⑤법회 장소인 처성취處成就 ⑥참석

대중을 뜻하는 중성취衆成就인데, 오늘날 문장 구성의 원칙인 육하원칙과 대비된다. 이미 삼천 년 전에 이와 같이 부처님께서 설하시고, 그에 따라 경전이 이루어졌음이 놀랍지 않은가. 이것만 보아도 부처님이 얼마나 위대한 분이신지 알 수 있다.

인용한 내용은 부처님께서 사위국(사위성)의 기수급고독원(祇樹給孤獨園, 기원정사)에서 1,250명의 제자들에게 『아미타경』을 설하시는 아미타 회상을 보이는 대목이다.

기원정사는 석가모니 부처님께서 가장 오랫동안 머물면서 설법하신 곳으로 마가다국 왕사성의 죽림정사와 함께 불교의 양대 가람이다. 기원정사가 있던 곳은 원래 코살라국의 기타 태자가 소유했던 동산이었으나 사위성의 수달타 장자가 정사精舍를 짓기 위해 동산을 뒤덮을 만큼 많은 금을 주고 매입하였다. 수달타 장자는 고독한 사람들에게 많은 보시를 베풀어 급고독給孤獨이라는 별칭을 얻은 사람이다. 장자의 신심에 감동한 태자는 동산의 일부를 무상으로 제공하여 장자와 함께 정사를 건립하였다. 그래서 기타 태자의 동산을 의미하는 '기수祇樹'와 수달타 장자를 의미하는 '급고독'을 합해서 이 정사를 기수급고독원이라고도 한다.

원효 스님은 『아미타경소』에서 이 서분에 대해 "법을 함께 들은 바 믿고 순종하는 마음을 표현한 것으로 큰스승(부처님)과 대중이 있고 들은 때와 장소로써 믿음을 증거한 것"이라 하였다.

기쁨에 찬
제자들

그들은 모두 덕이 높은 큰 아라한으로 여러 사람들이 잘 아는 이들이었다. 즉, 장로 사리불·마하목건련·마하가섭·마하가전연·마하구치라, 리바다·주리반타가·난다·아난다·라후라·교범바제·빈두로파라타·가루다이·마하겁빈나·박구라·아누루타와 같은 큰 제자들이었다.

———

『아미타경』설법 회상에는 이미 아라한과를 증득한 열여섯 제자들과 보살, 천상 대중 등이 동참해 조용히 부처님의 말씀을 경청한다. 물론 나무들과 새들과 꽃들과 헤아릴 수 없는 생명들도 묵연히 듣는다. 부처님 법문은 인간만 듣는 것이 아니다. 모든 우주의 생명에 대한 사자후이다. 여러분도 잠시 눈을 감고 당시의 장엄한 법석에 동참한 듯 느껴보기 바란다.

여기 "그들은 모두 덕이 높은 큰 아라한"이라는 대목은 『아미타경』이 믿음을 근본으로 설해지고 있음을 알 수 있게 한다. 믿음이 약한 자들은 극락세계란 말만 들어도 허무맹랑한 소리라고 코웃음을 칠 것이다. 하지만 이 장엄한 법석에 동참한 아라한들, 즉 번뇌를 쳐부순 자, 다시 태어나지 않을 자, 마땅히 공양 받을 경지에 이른 스님들은 부처님 당신 스스로 묻고 답하는 희유한 말씀에 속으로는 환희용약하면서 자못 진중한 마음으로 귀 기울였다. 그들 가운데는 먼저 상수제자인 장로 사리불을 비롯한 열여섯 제자들이 있다.

'장로 사리불'은 경전에 '사리자舍利子'라고 자주 등장하는 분으로 부처님 제자 가운데 지혜가 가장 뛰어난 분이다. 목건련 존자와 함께 초전법륜지인 녹야원에서 교화한 다섯 비구 중 한 분인 마승馬勝으로부터 '모든 존재는 인연에 따라 생멸한다.'는 연기緣起의 가르침을 듣고 부처님께 귀의하였다. 존자는 자기를 부처님께 인도해 준 마승을 평생 은인으로 생각하고 살면서 마승 쪽으로는 다리도 펴지 않았다 하니 얼마나 감동적인가.

'마하목건련'은 걸림이 없는 신통력을 얻었기에 신통제일로 불린다. 효심이 뛰어나 지옥에 떨어진 어머니를 구하고자 고뇌하다가 부처님의 말씀을 듣고 음력 칠월 보름 안거 해제일에 정진하는 대중과 함께 어머니를 천도하였다. 이 일을 유래로 하여 우란분절(백중)이 오늘날 불교의 명절로 이어지고 있다.

'마하가섭'은 의식주에 대한 아무 욕심이 없이 항상 엄격한 계율을 지키며 행을 잘했기에 두타제일의 제자로 불린다. 한번은 그가 오랜 수행 후 남루한 차림으로 부처님이 계신 기원정사로 돌아온 일이 있었다. 대중은 그를 몰라보고 경멸했지만 부처님께서는 당신의 자리를 내어 주시며 그를 반갑게 맞이하셨다.

'마하가전연'은 부처님 제자 가운데 부처님 법을 논리적으로 잘 헤아려 설법했으므로 논의제일이라 불렸다.

'마하구치라'는 사리불 존자의 외삼촌으로 나면서부터 손톱이 길어 장조범지長爪梵志라 했다. 출가한 뒤에도 능수능란하게 말하는 등 언변이 뛰어나 어떠한 어려운 질문에도 잘 대답했으므로 문답제일로 불렸다.

'리바다'는 사리불 존자의 동생이다. 한때 비를 피하려고 신을 모신 사당에 들어갔다가 두 귀신이 하나의 시신을 두고 서로 제 것이라 다투는 것을 보고 이 몸은 한낱 거짓으로 화합한 것임을 깨닫고 부처님을 찾아와 제자가 되었다. 선정을 주로 하며 항상 마음이 고요해 전도顛倒되지 않으므로 무전도제일이라 불렸다.

'주리반타가'는 형님을 따라 출가했지만 자신의 이름도 외울 줄 모를 정도로 우둔했기에 그의 형이 환속시키려고 하였다. 부처님께서 이를 아시고 그에게 물 긷고 청소하는 허드렛일을 하며 '먼지를 털고 때를 씻어라.'라는 게송을 외우게 했는데 그나마 외우지 못했다. 부처님은 다시 빗자루를 주시면서 비를 잡을 때는 "비!" 하고, 쓸 때는 "쓴다!"라고 외우면서 청소를 하게 하였다. 이러한 끊임없는 과정 끝에 낙숫물이 바위를 뚫듯 마침내 그는 아라한이 되었다.

'난다'는 부처님의 이복동생이다. 아름다운 아내에 이끌려 출가하지 않으려 하자 부처님께서 방편으로 천상의 즐거움과 지옥의 고통스런 모습을 보여 주며 교화하셔서 귀의하게 된다. 육신의 모든 욕망을 항복받았기에 제근조복諸根調伏제일이라 한다.

'아난다(아난)'는 부처님의 사촌동생으로 얼굴이 잘생겨서 여러 차례 여인의 유혹을 받기도 했지만 고결한 인품으로 극복하였다. 이후 부처님의 시자가 되어 부처님께서 열반하실 때까지 잘 모셨다. 다문多聞제일로 경전 결집에 참여하였으며 부처님의 이모인 마하파사파제 등 비구니의 출가를 도운 분이다.

'라훌라'는 부처님의 속가 아들로 15세에 출가하였다. 계율을 잘 지키며 남이 보지 않아도 부지런히 수행을 잘했으므로 밀행密行제일로 불렸다.

'교범바제'는 사리불 존자를 스승으로 출가했으며 계율을 잘 안다고 해율解律제일로 불렸다.

'빈두로파라타'는 16나한 중 한 분으로 왕사성에서 신통을 부렸다가 부처님께 이후부터 신통을 부리지 말라는 꾸중을 듣기도 한다. 부처님 열반 후 남인도의 마리산에서 중생을 제도하는 대복전大福田이 되었다. 사찰의 삼성각, 독성각의 나반존자님이 바로 이분이다.

'가루다이(가류타이)'는 피부가 검게 빛나 흑광黑光이라 불렸다. 사리불 존자의 설법을 부정하고 승단에 나쁜 짓을 많이 하는 등 말썽을 부리기도 해 부처님께서 그에 대한 여러 가지 계율을 마련하셨다.

'마하겁빈나'는 금지국의 용맹한 왕이었으나 부처님의 신통력을 보고 감동하여 제자가 되었다. 천문 지리에 능통하여 지성숙知星宿제일이라 한다.

'박구라'는 얼굴과 몸매가 매우 단정했으며 항상 사람들이 없는 조용한 곳에서 수행하기를 좋아했다. 어렸을 때 계모의 손에 다섯 번이나 죽을 고비를 넘겼지만 평생 한 번도 앓지 않고 160세까지 살아 장수長壽제일로 불렸다.

'아누루타(아나율)'는 부처님께서 설법하시는 중에 졸다가 꾸중을 들은 후 다시는 졸지 않겠다고 결심하고 여러 날을 자지 않고 수행하다 눈이 멀었다. 그럼에도 열심히 정진해 천안통을 얻고 천안天眼제일이 되었다.

『아미타경』을 설하는 회상에는 이러한 열여섯 제자를 위시해 1,250명의 제자가 동참했다. 부처님은 제자들이 이미 가르침에 대한 신심이 확고한 아라한의 경지에 이르렀음을 아셨기에 『아미타경』을 설하셨던 것이다. 불교 수행에 있어 가장 근본이 되는 것은 발보리심과 신심이다. 보리심에 목말라하지 않거나 결정적인 신심이 서지 않고는 그 어떤 수행 방편도 무용지물이다. 부처님은 지금이야말로 제자들에게 『아미타경』을 설할 때가 되었음을 아신 것은 아닐까.

사대보살과
천인

이 밖에 법의 왕자인 문수사리를 비롯하여 아일다보
살 · 건타하제보살 · 상정진보살 등 큰 보살과 석제
환인 등 수많은 천인들도 자리를 같이 했었다.

———

부처님의 제자들뿐만 아니라 널리 알려진 보살들도 희유
한 법석에 함께했다. 여기 등장하는 네 분의 큰 보살들은 『화
엄경』, 『법화경』, 『유마경』 등 다른 경전에도 자주 등장한다.

먼저 문수사리보살은 지혜가 뛰어난 보살로 보현보살과
더불어 석가모니 부처님의 교화를 돕는 보처보살이다. 지혜를

상징하는 푸른 연꽃을 쥐고 사자를 탄 모습으로 나타나는 문수보살은 지혜의 위엄과 용맹을 상징한다. 이 보살의 이름을 들으면 살도음망殺盜淫妄으로 지은 네 가지 큰 죄가 소멸된다 하여 이후 문수신앙이 생성되기도 하였다.

아일다보살은 미륵보살로서 현겁 일천불 중 제5불로 오실 미륵 부처님의 전신이다. 구류손불, 구나함모니불, 가섭불에 이어 석가모니불이 제도하는 56억 7천만 년이 지난 후 미륵 부처님이 오신다.

건타하제보살은 『화엄경』 「보살주처품」에 나오는 향상香象보살의 다른 이름이다. 향상보살은 보살들이 모여 사는 향취산香聚山에 살면서 삼천 보살을 권속으로 두고 항상 그들을 위해 설법하는데, 거룩한 향기를 내뿜듯이 반야바라밀을 닦으며 수행하는 보살이다.

상정진보살은 『법화경』 등 여러 경전의 청법대중으로 등장한다. 항상 한결같은 마음으로 물러서지 않고 어떠한 경우에도 끊임없이 쉬지 않고 정진하는 보살이다. 크고 작은 것을 가리지 않고 항상 정진하는 마음가짐이 보살의 자세임을 우리들에게 깨우쳐 주는 고마운 분이다.

보살은 일정한 처소가 없다. 티끌 하나하나에서부터 무량한 허공에 이르기까지, 모든 곳에 머무르면서 변화하며 법계에 두루 인연 따라 나타난다.

보살은 중생을 가없는 고통에서 구제하기 위해 끊임없이

연꽃이 되어 피어나는 분이기도 하지만 진리를 구하는 법석에 나타나 진지하게 법을 듣고 닦는 구도자이기도 하다. 어느 시대보다 혼탁하고 살벌한 오늘날 세상이야말로 많은 보살의 출현이 절실하다. 지금도 각처에서 많은 보살이 이 땅의 등불이 되고 있지만 우리 모두가 이웃에 자비를 베풀고 지혜를 닦는 보살로 살아야 한다.

석제환인(제석천왕)은 항상 부처님이 법을 설하는 자리를 수호한다. 잡아함경에서 부처님은 그가 과거에 본래 사람이었으나 수행자에게 음식과 재물, 향, 와구, 등불 등을 베푼 공덕으로 제석천이 되었다고 하셨다.

이외에도 수많은 천인과 호법선신들이 내려와 부처님의 말씀을 경청하고 있다. 이렇게 하여『아미타경』을 설하신 기원정사는 수많은 제자와 보살과 호법천신이 모두 모인 장엄한 법석이 되었다. 부처님의 제자들부터 보살들과 천상의 천신들이 모였다는 것은 욕계, 색계, 무색계 삼계를 아우르는 시방법계의 모든 유정, 무정에게 법을 설하셨다는 것을 의미한다.

『아미타경』을 듣는 중생 모두가 왕생하여 아미타 부처님을 뵙고 성불하기를 바라는 부처님의 마음을 받들어, 우리도 부처님께서 왜 스스로 이 법을 설하셨는지 귀기울여 보자.

극락세계를
말씀하시다

그때 부처님께서 장로 사리불에게 말씀하셨다.
"여기에서 서쪽으로 십만억 불국토를 지나간 곳에
극락이라고 하는 세계가 있다. 거기에 아미타불이
계시어 지금도 법을 설하신다."

———

부처님께서 극락세계가 있다고 제자들에게 말씀하셨지만
'극락세계가 있는가, 없는가?' 하는 질문은 『아미타경』법문의
핵심이면서 불교의 정수이기도 하다.
부처님께서는 상상할 수 없는 먼 거리지만 여하튼 서쪽

으로 한량없는 국토를 지나면 분명히 극락세계가 있다고 하셨다. 이 부처님 말씀을 믿느냐 믿지 않느냐 하는 문제는 불교의 정체성과 직결돼 있다 해도 과언이 아니다. 왜냐하면 부처님 가르침은 곧 부처님 그 당체이므로 부처님께서 직접 설한 말씀을 믿지 않고 의심하는 것은 부처님을 의심함과 다를 게 없기 때문이다.

혹자는 극락이 마음에 있을 뿐 실체가 없다고 하지만 단언하건대 그렇지 않다. 악업이 만든 세계가 우리들이 현재 사는 사바세계이듯 선업이 구현된 극락세계도 실재한다. 극락을 부정하면 우리가 사는 현실세계도 부정해야 옳다. 부처님께서 극락이 있다고 하신 말씀은 결코 방편이 아니다. 미혹해서 볼 수 없고 믿기 어렵기에 아라한의 경지에 든 믿음이 확고한 제자들에게 특별히 법문하셨다. 그들이 우리보다 못하다고 여기는가. 과거로부터 모든 불보살과 선지식들은 우리보다 못나서 극락왕생을 발원했겠는가.『화엄경』에서 53선지식 중 첫 번째 덕운 비구는 왜 선재동자에게 염불문을 가르쳤으며 마지막의 보현보살 또한 왜 한 찰나에 왕생하는 법을 가르쳤겠는가. 선지식들이 모두 허망한 도리를 좇은 사람들인가.

또 혹자는 극락정토에 왕생하고자 염불하는 사람을 폄하하기도 한다. 모든 불교 수행은 못나고 잘난 도리가 없다. 평등하다. 자기 수행법이 최상이라며 염불을 폄하하는 것은 또 다른 망념에 지나지 않는다.

부처님과 부처님의 말씀에 대한 결정적인 믿음이 없다면 여러분이 불교라는 종교를 통해 깨달음을 구하겠다고 하는 모든 노력이 물거품이요 허사다. 믿음이 없이는 그 어떤 경계, 경지에도 나아갈 수 없다. 부처님이 무수한 보살과 똑똑하다는 비구들을 모아 놓고 거짓으로 극락이 있다 하겠는가. 불교는 모든 상相으로부터 자유로운 길을 찾는 종교이다. 부디 상을 버리기 바란다.

　　염불도 일심으로 들어가면 모든 집착으로부터 자유로워진다. 애써 번뇌를 끊으려고 할 필요도 없다. 상근기니 하근기니 할 것도 없이 누구나 아미타불만 염념상속念念相續 부르기만 하면 된다. 부처님께서 여기 약이 있다 하셨으니 믿고 먹기만 하면 번뇌로부터 자유로워지고 극락세계는 점점 가까이 다가온다.

　　그렇게 모든 중생이 극락세계에 나고자 일심으로 정진하며 공덕행을 닦아서 구경究竟에 모두 극락세계에 왕생하고 나면 아미타 부처님은 법문을 멈추실 것이다. 하지만 극락을 찾는 중생이 가없으니 아미타 부처님의 법문도 끝이 없이 이어진다. 누가 아미타 부처님을 좀 쉽게 해 드릴 수 있을까. 이미 열 겁 동안 법문을 하셨고, 앞으로도 얼마나 오랫동안 계속 법문하실 지 장담할 수 없다.

서쪽으로
십만억 불국토를 지나다

　우리가 사는 사바세계도 석가모니 부처님이 중생을 제도하는 불국토이다. 불국토인데 왜 지옥이나 축생이 있느냐 하는 의문이 생긴다. 그것은 부처님을 뵐 공덕을 쌓지 않았기 때문이다. 이미 부처님이 세우신 불국토가 있고 이곳에 살고 있지만 불국토인 줄을 모르고 사는 것이 우리들의 모습이다. 사바가 불국토인 줄도 모르는데 극락은 또 어찌 알 수 있을까.

　부처님께서는 여기에서 서쪽으로 십만억 불국토를 지나간 곳에 극락이라고 하는 세계가 있다고 하셨다. 오늘날 가장 빠른 교통편을 이용하여 지구상의 모든 나라를 여행한다 하더라도 많은 세월과 노력이 필요하다. 십만억 불국토를 지나 극락에 도달하기는 도저히 어려워 보인다.

그렇다고 부처님이 헛된 말씀을 하실 분은 아니다. 그 많은 국토를 지나가려면 무엇보다 먼저 지금의 이 사바세계에 대한 애착과 집착을 버리고 나의 몸과 마음을 새털보다 더 가볍게 해야 한다. 심신이 청정해야 한다.

재산이 풍족하고 남부럽지 않게 잘 사니까 이 사바세계에서 떠나지 않고 싶다면 좋다. 영원히 떠나지 않을 수만 있다면 누가 말리랴. 그러나 내일, 아니 눈 한 번 감았다 뜨는 순간에 나의 부귀영화가 허물어질 수도 있다. 매일 일어나는 뉴스만 봐도 이 세상이 그렇게 애착을 가질 만하던가. 재산도 가족도 권력도 명예도 백 년을 못 간다. 언젠가는 허물어지고 만다. 그러니 열심히 살되 사바세계를 떠날 준비에 지금 당장 돌입해야 한다.

애착을 버리기로 작정했다면 다음은 심신을 가볍게 해보자. 십 악업을 버려야 몸이 가벼워진다. 다시는 몸으로 살생, 도둑질, 사음 같은 짓은 말자. 부디 입으로는 거짓말, 비단결같이 꾸미는 말 말고, 한 입으로 두말하지 않고, 욕지거리나 악담도 말자. 지극한 마음으로 권하니 마음으로 욕심도, 성냄도, 어리석은 생각도 말자. 이와 같이만 하면 마치 영화 속의 주인공처럼 새털 같은 몸이 되어 십만억 국토를 한순간에 이동하게 된다.

쉬운 일이 아니다. '십만억'이란 먼 거리는 그만큼 우리들이 오랜 세월 동안 몸으로, 입으로, 마음으로 지어온 악업을 떨쳐 내기가 어려움을 뜻한다. 따라서 염불하는 사람은 계행이 청정해야 한다. 계행청정戒行淸淨 없이 입으로만 하는 염불은 그 또한 염불이라는 상에 집착하는 것으로 큰 이익이 못된다.

새털 같은 몸에 순간이동을 가능하게 하는 추진력이 바로 일심 염불이다. 『삼국유사』에 등장하는 욱면 낭자, 광덕과 엄장을 비롯해 건봉사 대중, 최근 염불하며 좌탈입망한 중앙승가대 송찬우 교수 등 수많은 사람이 예전부터 이와 같은 방법으로 극락세계로 이동했다. 지금 이 순간에도 왕생하고 있고, 미래에도 계속 왕생할 것이기 때문에 그들을 위해 아미타 부처님은 극락세계에서 지금 이 순간에도 법문을 계속 설하고 계신다.

믿을 수 없는가? 그렇다면 믿을 수 없다는 그 상부터 버려라. 그 망상도 버리지 못하면서 십만억 불국토가 있느니 없느니 함은 아무 이익이 없다. 다만 부처님께서 주신 만병통치약이 여기 있으니 흔쾌히 먹고 병이 낫기만 하면 된다. 그것이 석가모니 부처님께서 하시기 어려운, 이 희유한 법문을 수고롭게 하신 데 대한 은혜에 보답하는 길이다.

아미타 부처님과
법장 비구

서쪽으로 십만억 불국토를 지나면 아미타 부처님이 계신다 했는데 부처님께서 『아미타경』을 설하시는 법석에서 말씀하신 서쪽과 지금 우리들이 있는 곳으로부터 서쪽은 다를까. 우리나라의 서쪽에 유럽이 있지만 유럽에서의 서쪽은 우리가 있는 곳이다. 부처님께서 설하신 서쪽은 극락이 있는 곳을 보다 현실적으로 형상화해 표현하신 것이다. 갈 수 없는 이상향이 아니라 누구나 갈 수 있는 곳임을 강조하신 부처님의 마음이 드러나 있지 않나 하는 생각이 든다.

『무량수경』에 의하면 아미타 부처님은 아주 먼 전생, 세자재왕불 당시 신심이 돈독한 왕이었다고 한다. 그 왕은 부처님의 설법을 듣고 보리심을 내어 왕위를 버리고 법장法藏이라는 비구가 된다. 스님은 세속에서 왕이었던 분이라 그런지 원력도, 스케일도 크게 세자재왕 부처님께 불국토 건설을 발원한다. 그때 세자재왕 부처님은 멋진 말씀으로 격려하신다.

"비록 큰 바닷물이라도 억겁의 오랜 세월을 두고 쉬지 않고 퍼내면 마침내 그 바닥을 보여 진귀한 보배를 얻을 수 있듯이, 만약 사람이 지성으로 정진하여 도道를 구하면 반드시 원하는 결과를 얻어 무슨 소원인들 성취하지 못할 리가 없느니라."

이렇게 말씀하신 세자재왕 부처님은 210억의 여러 불국토를 보여 주시면서 각 세계를 잘 살펴보고 어떤 불국토를 세울지 참고하라고 자세히 설명해 주신다.

이에 법장 스님은 그중에서 좋은 것만 골라 마흔여덟 가지가 이루어지는 국토를 건설하겠다는 원력을 세운다. 그리고 그 원력을 구현할 불국토를 세우기 위해 다섯 겁이란 무수한 세월 동안 청정한 수행에 들어간다. 부모가 자식을 부양하기 위해 얼마나 큰 수고를 하는지 우리는 잘 안다. 하물며 시방세계 전 국토의 중생을 다 구제하겠다는 대원력을 발원하신 법장 스님의 고행 정진은 일러 무엇 하겠는가.

이때 세자재왕 부처님이 이르시기를, "법장 비구여, 이제 그대가 대중에게 그대의 서원과 수행을 널리 알려서 그들로 하여금 보리심을 일으키게 하고 그들의 마음을 기쁘게 할 좋은 기회이니라. 그래서 보살들은 이를 듣고 불국토를 이룩할 무량한 큰 원행顧行을 성취하게 될 것이니라." 하신다.

스님의 서원을 우리 모두의 서원으로 삼아야 함을 뜻하는 말씀이다. 우리도 보리심을 내어 닦는 보살이 돼야 한다는 것이다.

이 48서원이 모두 성취되자 드디어 법장 스님은 아미타 부처님으로 성불하신다. 그리고 지금까지 설법을 계속하고 계신 분이 아미타 부처님이다. 우리가 남을 위해 작은 마음을 내어 선행을 하기도 쉬운 일이 아닌데 영겁의 세월 동안 고행하며 오로지 모든 생명에게 지극한 즐거움을 주고자 발원하고 실천한 법장 스님의 거룩한 일생에 절로 고개 숙여지지 않는가.

법장 스님의 48대원의 근본 속성은 영원성에 있다. 첫 번째 지옥·아귀·축생이 영원히 소멸하는 무삼악취원無三惡趣願부터 마흔여덟 번째 진리에 의해 다시는 윤회하지 않는 해탈을 서원하는 득삼법인원得三法忍願까지, 48대원은 지극한 즐거움이 영원하기를 바라는 큰 원이다. 사바가 한계 상황의 세계라면 극락세계는 멸하지 않는 영원의 세계이다. 열 겁 전에 성불한 부처님이 지금도 설하고 있다는 시공의 영원성, 꺼지지 않는 영원한 광명, 영겁토록 생생히 살아 있는 수명, 이것이 불교의 희망이요, 궁극처이다.

오직 즐거움뿐인
극락세계

사리불이여, 저 세계를 어째서 극락이라 하는 줄 아
는가? 거기에 있는 중생들은 아무 괴로움도 없이 즐
거운 일만 있으므로 극락이라 하는 것이다.

———

　구마라집 스님이 '극락'이라고 번역했지만 아무리 생각
해 봐도 아미타 부처님이 계신 곳을 달리 표현할 말이 없는 것
같다. 여러분도 그 세계를 무어라 하면 좋을지 한번 만들어 보
시라.
　즐거움의 극치, 더 이상의 즐거움이란 없는 곳이다. 사람

이 즐거우려면 번뇌가 없어야 한다. 번뇌의 시작이자 끝은 죽음이다. 죽음이 없어야 즐거움은 완성된다. 천하를 다 가진 진시황도 늙음과 죽음이 두려워 수많은 사람을 시켜 장생불사의 방법을 찾아 헤맸다. 하지만 결국 찾지 못한 불사不死의 땅이 극락이다. 진시황이 이 아미타 부처님의 도리를 알아 공부했더라면 많은 사람이 죽음을 면하고 불로초를 찾는 수고를 덜 수 있었으리라.

극락이란 맑고 청정한 무량청정토, 안락한 안양국, 번뇌가 없는 무량광명토, 생멸이 없는 무량수불토無量壽佛土로서 생로병사도, 오탁五濁도 없다.

기근이나 질병, 전쟁이 일어나 흐려지는 겁탁劫濁도, 삿된 견해로 서로 다투며 부정한 사상이 만연한 견탁見濁도, 번뇌가 가득하여 세상이 흐려지는 번뇌탁煩惱濁도, 온갖 악행으로 도덕이 무너진 중생탁衆生濁도, 수명이 점점 짧아지는 명탁命濁도 없다. 혹자는 이런 정토가 천상(천국)과 같은 게 아닌가 하고 혼동하는데 천상과는 확연히 다르다.

천상은 즐거움이 있기는 하지만 업에 끌려가기 때문에 천상에 나는 복이 다하면 다시 악도로 떨어져 윤회하게 된다. 그러나 극락정토는 욕계·색계·무색계의 삼계를 모두 벗어났으며 윤회의 사슬에서도 벗어난 세계이다. 또 그곳에서 느끼는 즐거움의 차원도 다르다. 천상의 즐거움은 인연에 따르는 유한한 즐거움이지만 극락의 즐거움은 진리의 법열에서 느끼는 영원한 즐거움이다. 그러니 천상에 나면 좋겠다는 환상은 버리고 극락에 왕생하려는 원을 세워야 한다. 극락에 가기만 하면 신통력을 얻어 자유자재하며 부처가 될 일만 남았다.

극락의 구체적인 모습은 법장 스님의 48원에 나타나는 것과 같다. 땅이 칠보로 되어 있고 청정하며 국토가 한량없이 넓고 땅이 평탄하여 산과 골짜기, 바다와 강이 없으며, 지옥·아귀·축생 등이 없다. 비나 눈이 내리는 일이 없고 해와 달도 없으나 항상 밝다. 밤낮이 없어서 꽃이 피고 새가 우는 것으로 낮을 삼고 꽃 지고 새가 쉬면 밤이라 여기는데, 극락의 일주야一晝夜는 사바의 한 겁에 해당한다. 음욕淫慾이 없으며 육신통六神通이 모두 구족돼 결코 욕망으로 고통받는 일이 없다. 사람들은 모두 지혜롭고 도덕성이 높아 서로 공경하고 사랑하며 미워하거나 시기하는 일이 없다. 고통으로부터 해방된 절대낙토絶對樂土이다.

그런 곳이라면 응당 가고 싶겠지만 온갖 번뇌에 사무치고 악업에 찌든 중생이 가기는 힘든 곳이다. 이 말은 번뇌를 여의고 선업을 닦으면 누구나 갈 수 있다는 말과 같다. 그러기에 물러서지 않는 간절한 서원을 세우시라. 무량한 선근 공덕을 쌓으시라. 청정을 벗 삼아 생활하시라. 함께 아미타 부처님의 서원을 가슴에 새기고 마침내 왕생하시길. 나무아미타불!

보배연못과
팔공덕수

극락세계에는 일곱 겹으로 된 난간과 일곱 겹의 나
망羅網°과 일곱 겹의 가로수가 있는데, 금·은·청
옥·수정의 네 가지 보석으로 눈부시게 장식되어
있다. 극락세계에는 또 칠보로 된 연못이 있고, 그
연못은 여덟 가지 공덕이 있는 물로 가득 찼으며,
연못 바닥에는 금모래가 깔려 있다. 연못 둘레에는
금·은·청옥·수정의 네 가지 보석으로 된 네 개의
층계가 있고, 그 위에는 누각이 있는데, 금·은·청
옥·수정·붉은 진주·마노·호박으로 찬란하게 꾸
며져 있다.

그리고 그 연못 속에는 수레바퀴만 한 연꽃이 피어, 푸른빛에서는 푸른 광채가 나고, 누른빛에서는 누른 광채가, 붉은빛에서는 붉은 광채, 흰빛에서는 흰 광채가 나는데, 참으로 아름답고 향기롭고 정결하다. 사리불이여, 극락세계는 이와 같은 공덕장엄으로 이루어졌느니라.

───

경經의 이 부분은 극락의 청정성을 설명하고 있어 눈여겨볼 필요가 있다. 삼계는 탐욕이 있는 욕계, 형상이 있는 색계, 형상은 없고 의식만 있는 무색계로 이루어져 있다. 그러면 극락도 형상이 있으니 색계가 아닌가 하고 의심할 수 있다. 그러나 극락은 형상이 있기는 하지만 형상에 집착하거나 오염되지 않으므로 비색계非色界요, 의식만 있는 것이 아니라 형상도 있기 때문에 비무색非無色의 세계이다.

법장 스님의 48원 중 스물일곱 번째, "제가 부처가 될 적에 그 나라의 중생과 일체 만물은 정결하고 찬란하게 빛나며, 그 모양이 빼어나고 지극히 미묘함을 능히 칭량할 수 없으리니, 만약 천안통을 얻은 이가 그 이름과 수효를 헤아릴 수

• 구슬을 꿰어 만든 그물을 말한다.

있다면 저는 차라리 부처가 되지 않겠나이다." 하는 소수엄정원所須嚴淨願이 성취되었기 때문에 이러한 장엄이 펼쳐진다.

극락은 황금으로 된 평평한 땅으로 덮여 있는데 보배로 된 가로수가 줄지어 하늘에 닿을 듯 서 있다. 아름다운 색을 띤 연꽃이 여덟 가지 공덕물로 가득 찬 연못에 피어 있고, 연못 옆 누각은 칠보로 장엄되어 있다. 이렇게 형상을 보이지만 형상에 물들어 집착하지 않으니 청정한 세계이다.

특히 여덟 가지 공덕을 갖추고 있는 팔공덕수八功德水는 『무량수경』에서 "청정하고 향기로운 맛은 마치 감로수와 같으니라."라고 했다. 극락 사람들이 발을 씻으려고 연꽃 향기가 가득한 연못에 발을 담그면 연못 물이 저절로 발목을 적신다. 무릎, 가슴, 목을 씻으려는 마음만 먹으면 그에 맞게 높이가 자동으로 조절된다. 빠져 죽을 일은 걱정하지 않아도 된다. 약간 따스했으면 좋겠다고 생각하는 순간 따스해지니 온도도 자동 조절이다. 다 씻고 나면 자동으로 연못 물이 낮아지고 본래대로 돌아간다. 그리고 그 연못에서 목욕하면 정신이 열리고 몸이 상쾌하여 마음의 때가 말끔히 씻긴다. 마음먹은 대로 이루어진다니. 이게 무슨 말씀인가.

불교는 마음대로 다 이루는 종교이다. 불교는 한계 상황에 갇힌 종교가 아니라 영원성으로 이루어진 종교이기에 여러분들이 원하는 대로 다 이룰 수 있도록 이미 장치가 되어 있다. 복을 구하면 누구나 복을 받을 수 있다. 복을 달라고 하면서 복 받을 공덕을 짓지 않는 자신이 문제일 뿐이다. 공덕을 짓지 않고는 깨침도 없다. 또 집착하고 오염되지 않아야 한다. 이미 극락이 펼쳐져 있지만, 보살행을 멀리하고 악업을 두려워하지 않기 때문에 갈 수 없는 것이다.

극락세계의
하루 일과

사리불이여, 또 저 불국토에는 항상 천상의 음악이
연주되고, 대지는 황금색으로 빛나고 있다. 그리고
밤낮으로 천상의 만다라 꽃비가 내린다. 그 불국토
의 중생들은 이른 아침마다 바구니에 여러 가지 아
름다운 꽃을 담아 다른 세계로 다니면서 십만억 부
처님께 공양하고, 조반 전에 돌아와 식사를 마치고
산책한다. 사리불이여, 극락세계는 이와 같은 공덕
장엄으로 이루어졌느니라.

———

극락세계 사람들은 극락에 놀러 온 사람이 아니다. 성불하고자 온 사람이다. 성불하려는 마음이 확고부동하기 때문에 극락이 아무리 보배로 장엄돼 있어도 탐착하지 않는다. 바쁜 일과지만 바쁘다는 생각도 없다. 그들의 하루는 모두 성불을 위한 일과이다. 그들의 하루 중 첫 번째 일은 아침공양 전에 무수한 부처님께 공양 올리는 일이다.

그것은 법장 스님이 "제가 부처가 될 적에, 그 나라의 보살들이 부처님의 신통력을 입고, 모든 부처님을 공양하기 위하여 한참 동안에 헤아릴 수 없는 모든 불국토에 두루 이를 수가 없다면, 저는 차라리 부처가 되지 않겠나이다." 하고 스물세 번째로 발원한 공양제불원供養諸佛願이 성취되었기 때문이다.

성불이 예약된 극락 사람들이 맨 먼저 하는 일이 부처님께 공양 올리는 일이라는 사실은 우리에게 큰 가르침이 아닐 수 없다. 사바세계 불자들은 성불이 예약된 사람이 아닌 것인가. 그렇지 않다. 우리도 성불할 것이다. 그렇다면 극락 사람들의 일과를 따라 우리도 이 땅의 무수한 부처님께 공양함이 현명하다. 시방삼세에 있는 모두가 부처라 하지 않는가. 부모도 부처요, 자식도 부처요, 독거 어르신들도, 부자도, 가난한 이도 부처요, 계급이 높은 이와 낮은 이, 심지어 길거리를 배회하는 강아지, 고양이도 부처인데 왜 시방의 수많은 부처님께 공양 올릴 절호의 기회를 놓치고 있는가.

소납이 누누이 법석에서 강조하지만 우리는 부처님께 공

양 올리고 섬기기 위해 이 땅에 태어났다고 해도 과언이 아니다. 그렇게 공양하는 것이 부처 되려는 사람의 첫 번째 수행이라고 부처님은 『아미타경』에서 가르치신다. 그리고 "제가 부처가 될 적에, 그 나라의 중생이 신족통을 얻어 순식간에 백천억 나유타의 모든 나라를 지나가지 못한다면, 저는 차라리 부처가 되지 않겠나이다."라는 법장 스님의 아홉 번째 발원인 신족통원神足通願이 성취되었기에 극락 사람들은 십만억 부처님께 매일 공양을 올린다. 그런데 우리는 그런 능력도 없으면서 왜 공양 올리는 공덕을 부지런히 닦지 않는가.

부처님께 공양을 올린 후 처소로 돌아온 극락 사람들은 아침공양을 하는데 법장 스님의 스물네 번째 공구여의원供具如意願의 성취로 먹고 싶다고 느끼는 순간 바로 칠보 그릇들에 갖가지 음식이 담겨 자동으로 앞에 와서 놓인다. 그리고 쓰윽 음식의 빛깔을 보고 향기만 맡으면 절로 포만감이 들어 심신이 부드럽고 상쾌해진다. 이 음식들은 사라졌다가 바라는 때가 되면 다시 나타난다고 『무량수경』에 설하고 있다.

그리고 천상의 만다라 꽃비가 내리는 아름다운 극락세계를 산책할 때 온화한 실바람이 불어와 가로수의 잎사귀가 흔들리는 소리, 새들이 지저귀는 소리를 들으면 모든 번뇌가 사라지며 부처님과 법문을 생각하면서 오로지 부처님의 바른 도리에 머무르게 된다.

진리를 지저귀는
새들

또 그 불국토에는 아름답고 기묘한 여러 빛깔을 가
진 백학·공작·앵무새·사리새·가릉빈가·공명
조 등이 밤낮을 가리지 않고 항상 화평하고 맑은 소
리로 노래한다. 그들이 노래하면 오근五根•과 오력五
力••과 칠보리분七菩提分•••과 팔정도八正道를 설하는
소리가 흘러나온다. 그 나라 중생들이 그 소리를 들
으면, 부처님을 생각하고 법문을 생각하며 스님들을
생각하게 된다.

———

극락세계는 눈에 보이는 모든 장엄이 그대로 안근眼根을 청정하게 성숙시키는 법문이고, 들리는 모든 소리가 다 이근耳根을 청정하게 하는 법문이다. 또 법장 스님의 서른두 번째 발원, "제가 부처가 될 적에 나라 안에 있는 만물은 모두 헤아릴 수 없는 보배와 백천 가지의 향으로 이루어지고, 그 미묘한 향기가 시방세계에 두루 풍기면 보살들은 그 향기를 맡고 모두

- 오근에는 두 가지 뜻이 있다. 첫 번째로 보고 듣고 냄새 맡고 맛보고 접촉하는 다섯 감각 기관인 눈, 귀, 코, 혀, 몸을 가리키는데, 이를 오력(五力)이라고도 한다. 또는 보리에 도달하기 위한 향상기관(向上機關)으로, 신근(信根), 진근(進根), 염근(念根), 정근(定根), 혜근(慧根)을 말한다.

- 오력 역시 두 가지 뜻이 있다. 첫 번째는 5종의 불교 실천 기초 덕목을 가리키는 말로, 불법을 믿고 다른 것을 믿지 않는 신력(信力), 부지런히 선을 짓고 악을 폐하는 진력(進力), 삿된 생각이나 사상을 버리는 염력(念力), 선정을 닦아 어지러운 생각을 버리는 정력(定力), 지혜를 닦아 고집멸도 사성제를 깨닫는 혜력(慧力)을 가리킨다.
  또는 불가사의한 작용이 있는 다섯 가지 힘을 가리키는데, 일체 선정의 힘인 정력(定力), 일체 신통의 힘인 통력(通力), 욕계의 위에 있는 색계 사선천 중 첫 선천인 초선천(初禪天)에서 자유롭게 오식(五識)을 일으키는 차식력(借識力), 불보살의 큰 원인 원력(願力), 불법의 위덕의 힘인 법위덕력(法威德力)을 말한다.

- 칠각분(七覺分), 칠각지(七覺支), 칠각의(七覺意)라고도 한다. 열반에 이르기 위한 37종의 수행 중 여섯 번째 수행을 가리킨다. 지혜로 법을 살펴 선은 취하고 악은 버리는 택법(擇法)각분, 쓸데없는 고행을 두고 바른 도를 부지런히 닦는 정진(精進)각분, 참된 법을 얻어서 기뻐하는 희(喜)각분, 그릇된 견해나 번뇌를 끊고 올바른 선근을 기르는 제(除)각분, 집착심을 여월 때 참되지 못한 마음을 버리는 사(捨)각분, 정에 들어 번뇌 망상을 일으키지 않는 정(定)각분, 수행함에 정혜(定慧)를 고르게 하는 염(念)각분을 말한다.

부처님의 행을 닦게 되리니"라는 보향합성원寶香合成願이 이루어졌기에 코로 맡는 모든 냄새 또한 비근鼻根을 청정하게 성숙시키는 깨침의 법문이다.

앞의 극락장엄들이 모양으로 하는 법문이라면 지금부터 하는 극락세계의 장엄은 소리로 하는 법문이다. 아름다운 새소리지만 그 소리는 어떤 차별도 없고 좋고 싫은 생각도 없는 소리이기 때문에 새소리 그 자체가 법문이다. 항상 법을 생각하고 닦으라고 오근·오력·칠보리분·팔정도 등 보살이 깨달음으로 나아가는 서른일곱 가지 수행법문(37조도품)을 아미타부처님께서 새들을 통해 설하시는 것이다. 염불하면 부처님을 늘 생각하게 되므로 마음이 청정해지고 따라서 팔정도와 육바라밀 등 보살도를 닦는 공부를 자연히 하게 돼 있다. 이런 수행 공덕이 무르익어야 성불한다. 공덕도 닦지 않고 문득 깨닫는다는 것은 있을 수 없는 일이다.

소리를 통해 깨친 분들이 많이 계신다. 대낮에 닭 울음소리를 듣고 깨치셨다는 서산 스님, 대나무가 부딪치는 소리를 듣고 깨치신 동산 스님 등 이런 선지식들께서도 오랜 세월 수행 공덕을 닦아 오다가 소리를 만나 깨치셨다. 『능엄경』 권6에 소리로 깨달음에 들어간다는 법문이 나온다. 소리의 작용은 정말 대단해서 "하나의 근이 본원으로 돌아가면 여섯 개의 근이 해탈을 이룬다—根旣返源 六根成解脫."라고 하였다.

지금도 많은 선지식이 여러분에게 금빛 소리를 쏟아 내시는데 왜 우리는 성불하지 못하는가. 요즘은 라디오나 텔레비전, 인터넷을 통해 얼마든지 훌륭한 스님들의 법문을 들을 수 있다. 예전에는 상상도 못했던 일이다. 원하고 찾기만 하면 언제 어디서나 부처님의 말씀을 들을 수 있다. 그런데도 성불하는 사람은 적고 시대는 더욱 혼탁하다. 왜 그런가? 부처님을 항상 생각하는 염불念佛, 부처님의 가르침을 항상 생각하는 염법念法, 수행자를 항상 생각하는 염승念僧의 행을 꾸준히 지어 가지 않기 때문이다.

가만히 보시라. 부처님이 법당에 앉아 계시지만 묵연히 법문하시고, 스님들이 가사장삼을 수하고 걸어가는 모습도 법문이며, 한 줄기 차향도 법문이다. 법문은 이렇게 늘 우리 곁에 있는데 미혹해서 법문인 줄 모르고 듣지를 못한다. 그래서 가고 서고 앉고 누우며 언제나 부처님과 부처님의 가르침과 스님들을 입에 달고, 가슴에 품고, 머리에 이고 살라고 부처님께서 당부하신다.

삼악도가 없는
극락세계

사리불이여, 이 새들이 죄업으로 생긴 것이라고는
생각하지 말라. 왜냐하면 그 불국토에는 지옥·아
귀·축생 등 삼악도三惡道가 없기 때문이다. 거기에
는 지옥이라는 이름도 없는데 어떻게 실지로 그런
것이 있겠는가. 이와 같은 새들은 법문을 설하기 위
해 모두 아미타불께서 화현으로 만든 것이다.

———

법장 스님의 48원 중 첫 번째, "제가 부처가 될 적에, 그
나라에 지옥과 아귀와 축생의 삼악도가 있다면, 저는 차라리

부처가 되지 않겠나이다."라는 무삼악취원이 성취된 세계가 극락세계이기 때문에 극락의 새들은 죄업으로 생겨난 것일 수가 없다.

탐내고 성내고 어리석은 삼독심三毒心으로 인해 가는 곳이 지옥·아귀·축생의 세계인데 극락세계는 삼독심으로 가는 세계도 아닐 뿐더러 그런 죄업의 원인 자체가 없는 곳이기 때문에 삼악도가 있을 수 없다.

그러면 어떻게 새라는 축생의 형상이 나타났는가. 그것은 아미타 부처님께서 무량한 법문을 설하시기 위해 화현으로 만들어 놓으신 것이다. 마치 우리가 만들어 놓은 라디오나 텔레비전, 인터넷이란 도구를 통해 음악을 듣는 것과 마찬가지로 아미타 부처님께서 당신의 법문을 언제 어디서나 대신 설하는 새라는 모양을 만들어 놓으신 것이다. 굳이 형상이 있다면 그림자 같은 형상인 셈이다. 『무량수경』에 보면 극락세계의 존재는 허공처럼 형상이 없는 무극지체無極之體라 했다.

아미타 부처님의 법문은 부처가 되고자 하여 부처님의 법문에 목마른 극락세계 사람들에게는 항상 열려 있는 법문이다. 아미타 부처님의 설법은 법문을 듣고자 하는 마음을 먹을 필요도 없이 언제 어디서나 들려오기 때문에 따로 녹음기를 켤 필요도 없다.

오늘날 우리가 사는 세상은 온갖 소리의 공해로 덮여 있다. 마음을 불안하게 하는 뉴스, 때로는 공포심을 느끼게 하는 이웃에서 싸우는 소리, 짜증스런 욕설, 공사장의 소음이나 경적 소리 등등 하루도 소음 공해로부터 자유롭지 못하다. 그렇다고 듣고 싶은 소리를 마음대로 들을 수도 없는 처지다. 가족과 헤어져 지내면서 그리운 가족의 목소리를 듣지 못하는 사람도 있고 바쁜 생활에 쪼들려서 여유롭게 아름다운 음악을 들을 수 없는 사람도 있다. 또 진리의 법문을 듣고 싶어도 청각 장애 때문에 들을 수 없는 사람도 있다. 인연인과因緣因果에 얽매여 있기 때문이다.

그렇지만 극락에서는 일상에서 들려오는 모든 소리가 부처님의 법문이다. 그 법문은 상쾌한 법문이다. 아름다운 풍경, 시원한 소리, 향기로운 냄새로도 들려온다. 이 소리만 들으면 번뇌가 사라져 마음이 편안해지고, 오랫동안 듣고 있어도 지루한 마음이 나지 않는다. 기쁨이 샘솟아 환희심이 발현한다.

이렇게 화현으로 항상 법문을 들을 수 있는 것은 법장 스님의 마흔여섯 번째 원력, "제가 부처가 될 적에, 그 나라의 보살들은 듣고자 하는 법문을 소원대로 자연히 들을 수 있으리니, 만약 그렇지 않다면 저는 차라리 부처가 되지 않겠나이다."라고 하신 수의문법원隨意聞法願이 성취되었기 때문이다.

사바세계에 사는 우리는 언제나 삼악도로 추락할지도 모른다는 공포에 노출돼 있다. 그렇기에 염불·염법·염승의 왕생업往生業을 닦지 않으면 안 된다.

바람의
연주

그 불국토에 미풍이 불면 보석으로 장식된 가로수와 나망에서 아름다운 소리가 나는데, 그것은 마치 백천 가지 악기가 합주하는 듯하다. 이 소리를 듣는 사람은 부처님을 생각하고 법문을 생각하며 스님들을 생각할 마음이 저절로 우러난다. 사리불이여, 극락세계는 이와 같은 공덕장엄으로 이루어졌느니라.

———

'염불·염법·염승' 하는 마음이 일심일여一心一如가 되어야 성불할 수 있다. 그런데 우리는 온갖 인과가 얽히고설켜 있기 때문에 시시각각 번뇌에 휩싸여 부처님을 생각하고 법문을 생각하며 스님들을 생각하는 마음을 잊어버린다. 따라서 하루, 한 순간도 쉬지 못하고 계속 육도六道˙를 윤회한다. 얼마나 그 윤회의 세월이 오래되었나. 이 피곤한 여행을 이제는 그만두어야 하지 않겠는가. 그렇지만 그만두고 싶어도 멈출 수가 없이 자꾸 끌려간다. 여러분이 어떤 인연을 만나 어떤 수행을 하고 있다 하더라도 '염불·염법·염승'을 하지 않으면 안 된다. 이 점을 잊지 마시기를 간곡히 당부한다.

그런데 극락세계는 '염불·염법·염승' 하는 마음이 저절로 우러나도록 아미타 부처님께서 장치를 다 갖추어 놓은 곳이다. 이 장치는 하루아침에 뚝딱 만들어진 것이 아니다. 이미 열 겁 전에 그 누구도 생각하지 못한 위대한 서원을 세운 법장 스님이 치밀하게 설계하고 장엄한 겁 동안 고행과 난행을 거듭한 결과 이루어진 완벽한 세계이다.

법장 스님의 스물여덟 번째 서원인 견도량수원見道場樹願에 의하면, "제가 부처가 될 적에, 그 나라의 보살들을 비롯하여 공덕이 적은 이들까지도 그 나라의 보리수가 한없이 빛나고 그 높이가 사백만 리里나 되는 것을 알아보지 못한다면, 저는

˙ 업의 인연에 따라 윤회하게 되는 여섯 세계. 지옥도, 아귀도, 축생도, 아수라도, 인간도, 천상도를 가리킨다.

차라리 부처가 되지 않겠나이다."라고 했다.

극락세계에는 높이가 사백만 리가 되는 눈부신 보리수가 줄지어 서 있고 그 가로수에는 금·은·청옥·수정의 보석으로 장식된 보배 그물이 일곱 겹으로 덮여 있다. 여러분도 잠깐 그 아름다운 세계를 관조觀照해 보라. 극락에 왕생하려면 입으로 외는 칭명 염불과 함께 극락세계의 여러 가지 모습과 소리와 향기를 떠올리는 관상 염불을 하라고 부처님께서 설하셨다. 『관무량수경』에 '극락에 가는 열여섯 가지 관법觀法'이 있으니 참고하길 바란다.

가령 무슨 소원이 있을 때 나는 무엇을 이루겠다고 계속 마음을 먹으면 그렇게 이루어지는 것과 같은 이치이다. 오늘날 자녀 교육도 마찬가지다. 사랑스런 자녀가 뭔가 이루려고 할 때, "그래. 너는 반드시 그렇게 된다."고 격려하고 그렇게 되도록, 닮아 가도록 계속 정보를 제공해 주면서 훈육하는 부모라면 자녀의 밝은 미래를 기대해도 좋다. "너는 안 돼. 뭐가 되려고 그러냐?" 하고 책망하지 말고, 작은 것이라도 용기를 주고 신뢰를 주면 아이는 꼭 긍정적인 사람으로 성장하게 된다.

극락세계에 왕생하려는 사람도 이런 자기 암시가 필요하다. 삼계의 큰 스승이신 석가모니 부처님께서는 이미 삼천 년 전에 이를 아시고 극락왕생을 원하는 사람들에게 자기 암시법을 제시하셨던 것이다.

무량광
부처님

사리불이여, 그 부처님을 어째서 '아미타불'이라 하
는 줄 아는가? 그 부처님의 광명이 한량없어 시방세
계를 두루 비추어도 조금도 걸림이 없기 때문이다.

———

아미타 부처님을 대표하는 공덕이 '광명光明'이다. 무량한
광명을 우주 전체에 비추어 어둠을 밝히신다. 이 세상은 빛에
의지해 살아간다. 빛이 없으면 한순간도 생명을 영위하기 힘
들다. 따라서 아미타 부처님은 생명의 부처님이시다.

그런데 그 생명의 빛은 무량하게 비친다. 숲에 내리는 비

가 키 큰 나무만 적시는 게 아니라 땅바닥에 붙은 이름 모를 잡초까지 남김없이 적시듯이 아미타 부처님의 광명도 가닿지 않는 곳이 없다. '너는 기도를 잘하니까 비추어 주고 너는 게으르니까 덜 비추어 준다.'는 상대적 비춤이 아니다. 착한 사람, 악한 사람 가리지 않고 마치 부모가 자식에게 사랑을 베풀 듯이 무조건적으로, 그리고 일방적으로 하염없이 비춘다. 이 무량한 자비광명은 피할 수도 없으며 어떤 장벽도 투과하기에 인간은 물론 지옥에까지 비친다.

『무량수경』에서 부처님은 다음과 같이 말씀하셨다.

"무량수불의 위신력에 찬 광명은 가장 뛰어나 다른 부처님의 광명과 비교가 되지 않는다. 만약 중생이 그 빛을 볼 수 있다면 탐욕과 성냄과 어리석음의 세 가지 번뇌가 저절로 사라지고, 몸과 마음이 편하고 즐거움에 가득 차 스스로 어진 마음을 내게 될 것이다. 그리고 지옥·아귀·축생의 삼악도에서도 이 광명을 보게 되면 평안을 얻어 다시는 괴로워하지 않고 마침내 해탈하게 된다. 이와 같이 무량수불의 광명은 너무도 찬란하기 때문에, 시방의 불국토를 두루 비추어 그 명성이 떨치지 않는 데가 없다. 지금 나만이 그 광명을 찬탄하는 것이 아니고 모든 부처님과 보살, 성문, 연각緣覺들도 한결같이 찬탄하고 있다. 만약 중생이 그 광명의 공덕을 듣고 밤낮으로 찬탄하면, 소원대로 그 불국토에 태어나 보살과 성문들에게 칭찬받을 것이다."

이와 같이 극락세계는 법장 스님의 열두 번째 서원, "광명이 한량이 있어서 백천억 나유타의 모든 불국토를 비출 수가 없다면, 저는 차라리 부처가 되지 않겠나이다."라는 광명무량원光明無量願이 성취되어 이루어진 세계이다.

그러면 어떻게 해야 그 자비광명을 입을 수 있는 것인가. 꾸준히 염불하고, 염법과 염승을 하면서 나의 업을 한 걸음씩 청정세계로 돌려가야 한다. 또 법장 스님의 서른세 번째 서원인 촉광유연원觸光柔軟願에 의하면 아미타 부처님께서 비추시는 광명에 접촉하기만 하면 어떤 중생이라도 그 심신이 부드럽고 상냥해져서 인간과 천상을 초월한다 했다.

오늘날 사회에는 예전에 상상할 수도 없었던 일들이 벌어지고 있다. 삼악도가 그대로 실현되고 있다. 부모 형제를 죽이고, 노약자를 겁탈하는 등 인면수심의 일들이 하루가 멀다 하고 일어난다. 소납은 인간성 회복이야말로 이 시대에 절실히 요구되는 덕목이라 말하고 싶다.

염불이 인간의 본래 모습을 찾게 할 것이다. 아미타 부처님의 몸과 마음에서 놓아지는 생명의 빛을 온몸으로 받는 염불을 하면 부처님의 광명에 의해 사람들은 본래 청정한 마음을 찾아 부드럽고 상냥해지고 세상도 평화로워지지 않을까.

무량수
부처님

또 그 부처님의 수명과 그 나라 인민의 수명이 한량없고 끝이 없는 아승지겁*이므로 아미타불이라 한다.

———

우리가 '아미타 부처님께 귀의합니다.'라는 뜻으로 '나무아미타불'이라고 염불하는데 그 참뜻은 '영원한 생명에 귀의합니다.'이다. 그러면 '영원한 생명'은 무슨 의미인가?

이것이 바로 부처님의 가호력, 가피력의 원천이다. 우리가 고통에 절망하고, 액난을 만나 두렵고, 지치고 오갈 데 없을 때 부처님을 찾으면 부처님께서는 누구에게나 차별 없이 자비 광명을 나투는데 그 무량한 광명의 원천이 바로 영원한 생명임을 알아야 한다.

그렇다면 그 영원한 생명은 부처님을 찾을 때만 부처님이 주시는가? 아니다. 부처님을 찾고 말고 할 것 없다. 떠오르라고 재촉하지 않아도 태양이 맑으나 비가 오나 아침마다 떠올라 모두를 평등하게 비추듯이 항상 나의 곁에서 무한한 생명을 내뿜고 있다. 그 자비가 구하니까 준다는 조건이 붙거나, 이만큼만 준다는 한계가 있거나, 이번만 준다는 일회성의 것이라면 세속적인 거래에 불과하다. 부처님의 자비라 할 수 없다. 부처님의 자비는 무조건적이고, 절대적인 내리사랑이다.

지금도 그렇게 영원한 생명을 비추고 있는데 우리가 그것을 모르고 있을 뿐이다. 어떤 사람은 그 생명의 빛 속에 살고 있고, 또 어떤 사람은 그 무량한 생명이 있음을 알아 눈물을 흘리며 감사하는 단계에 있는가 하면 어떤 사람은 아직도 그런 생명이 있는 줄도 모르고 있다. 전도몽상顚倒夢想의 한계 상황에 갇혀 있거나 자신의 아상에 눈이 멀어 눈뜬장님처럼 보지 못한다.

『무량수경』에서 부처님은 아난다에게 다음과 같이 설하신다.

---

* 아승기겁(阿僧祇劫). 산수로 표현할 수 없는 무한한 세월을 말한다.

"아난다, 또 무량수 부처님의 수명은 한량없이 길어 햇수로 따질 수 없다. 가령 시방세계 모든 중생이 성문이나 연각이 되어 그들의 지혜를 한데 모아 백천만 겁 동안 헤아린다 할지라도 무량수불의 수명은 다 셀 수가 없을 것이다."

아미타 부처님의 수명이 얼마나 길면 시방세계에서 신통력이 대단하다는 분들이 모두 모여서 지혜를 총동원해 밤낮으로 헤아려도 그 햇수를 헤아릴 수 없다고 할까. 수명이 한량없다는 것은 생멸이 없다는 뜻이다. 나고 죽음이 세상의 그지없는 번뇌인데 그 근본 번뇌가 없으니 즐거울 수밖에 없고 그 즐거움도 끝이 없다.

인간이 오래 살아 봐야 백 년 남짓이다. 우리가 개미를 보면 개미의 일생이 참으로 안타까울 것이나, 개미가 하루살이를 보면 딱해서 혀를 찰 것이다. 거북과 학이 천 년을 살고, 만고강산이 유구한들 아미타 부처님의 수명에 비하면 '찰칵' 하는 한 순간에도 미치지 못한다.

아미타 부처님의 수명만 그런 게 아니라 극락에 사는 사람들의 수명도 한량이 없고 끝이 없는 아승지겁이다. 그러니 우리는 법장 스님의 열다섯 번째 권속장수원眷屬長壽願이 성취된 극락에 가야 한다. 이제 죽는다고 울며불며 통곡하지 않아도 된다. 여러분의 곁에는 모든 부처님이 셀 수 없는 겁 전부터 찬탄한 위대한 분, 무량광, 무량수 부처님이 계시면서 무한 생명을 주시는데 두려울 게 뭐가 있겠나.

왜 아미타 부처님을
찾아야 하나

아미타불이 부처가 된 지는 벌써 열 겁[十劫]이 지났다.

———

아미타 부처님께서 이미 열 겁이나 전에 성불해서 오늘에 이르기까지 계속 설법하신다고 석가모니 부처님께서 말씀하시는 것을 새겨보면 '이미 이토록 오랜 세월 전부터 극락세계에 왕생하는 법이 드러나 있는데 왜 너희들이 아미타 부처님을 찾지 않는단 말이냐.' 하는 경책으로 들린다. 앞서 우리는 극락세계의 장엄과 아미타 부처님에 대해 살펴보았다. 여러분은 이런 의문이 들지 않는가. 시방세계에 수많은 부처님이 계시고, 그 부처님들도 모두 무량한 공덕을 베푸는 분들인데 왜 오직 아미타 부처님만을 염불해야 하는가?

중국 원나라 때 임제종의 대선지식인 천여天如 화상은 『정토혹문淨土或問』에서 그에 대한 세 가지 이유를 들었다.

첫째는 아미타 부처님의 서원이 실로 크다는 점이다. 법장 스님의 서원은 극락이란 불국토를 건설할 때 누구든지 내 국토에 나기를 원해 내 이름을 열 번만 부르면 극락에 나게 하겠다거나, 또 극락 사람들은 모든 불법에서 물러나지 않는 자리를 얻어서 나지도 죽지도 않는 도리를 깨닫는 무생법인無生法忍*을 성취하게 하겠다는 등 매우 크고 구체적이며 깊다는 것이다.

둘째는 아미타 부처님이 사바세계와 인연이 깊다는 것이다. 석가모니 부처님 당시에 위제희 부인과 오백 시녀가 아미타불을 뵈었다 하였고, 또 정반왕과 위제희 부인이 현세에 무생법인을 얻는 등 세상에 계실 때에 부처님의 교화를 듣고 아미타불께 귀의한 이가 많았다. 또 말세 중생도 승속, 남녀, 빈부귀천을 막론하고 믿고 숭배하지 않은 이가 없으며, 부처

---

* 불생불멸하는 진여 법성을 인지(認知)하고 거기에 안주하여 움직이지 않는 깨달음을 일컫는다.

님의 교법을 듣지 못한 이도 다 염불할 줄은 알며, 우둔하고 포악하여 신심 없는 사람도 위험하고 어려운 일을 당하면 자신도 모르게 아미타불을 불렀다. 심지어 아이들이 흙장난 할 때도, 장애로 걷지 못하거나 말을 잘 못하는 사람도 아미타불을 부른다. 권하지 않고 가르치지 않아도 능히 이렇게 하니 사바세계와 인연이 깊다는 것이다.

불교를 믿지 않는 사람이라도 한 번쯤 장난으로라도 '나무아미타불'을 외운 적이 있을 것이다. 이 여섯 글자로 된 명호는 석가모니 부처님보다 열 겁 전, 즉 오랜 세월 전부터 시작해 지금까지 시방세계 부처님을 비롯한 선지식과 무수한 사람이 찬탄하고 불러온 이름이다. 그러므로 이 염불 소리의 위대한 가피력은 필설로 다 논할 수 없을 만큼 크다. 여러분은 입으로 아미타불을 부르고, 귀를 열어 듣고, 눈을 떠서 아미타불을 관하기만 하면 된다.

셋째는 교화하는 길이 석가모니 부처님과 관계가 있다는 것이다. 『무량수경』에는 "말세에 모든 경전이 다 없어지더라도 나의 자비로써 이 경을 백 년 동안 더 머물게 할 것이니 이 경을 만나는 이는 원하는 대로 제도를 받을 것"이라 하였고, 또 『무량수경』이 없어질 때에도 '아미타불' 네 글자는 남아 있게 하여 석가모니 부처님께서 온갖 방편으로도 사바세계에서 제도하지 못한 중생은 아미타 부처님께서 남김없이 제도하신다고 하셨다.

이와 같이 석가모니 부처님과 아미타 부처님의 중생 교화는 현재에서 미래로 영속적으로 연결되어 있으니 아미타 부처님을 찾음은 당연하지 않는가.

구름처럼 모여든
성문들

사리불이여, 그 부처님에게는 헤아릴 수 없이 많은
성문 제자들이 있는데 모두 아라한들이다.

———

법장 스님은 "제가 부처가 될 적에, 그 나라 성문들의 수
효가 한량이 있어서, 삼천대천세계의 성문과 연각들이 백천
겁 동안 세어서 그 수를 알 수 있는 정도라면, 저는 차라리 부
처가 되지 않겠나이다."라고 하신 열네 번째 성문무수원聲聞無數
願을 성취했기 때문에 극락세계에는 아라한의 경지에 오른 성
문 제자가 무수하다.

아함경 같은 초기경전에서는 출가자뿐 아니라 재가신자도 모두 성문聲聞이라 했다. 문자 그대로 풀면 부처님의 가르침을 듣고 귀의한 불자를 말하는데, 부처님의 열반 후 후대에 불교 교단이 확립되면서 출가자만을 성문이라 부르게 됐다. 따라서 『아미타경』에서 부처님께서 말씀하시는 성문은 승속을 포함한 모든 불제자를 말한다. 무한한 불제자가 극락세계에 머문다는 것이다. 그도 그럴 것이 석가모니 부처님이 주관하시는 사바세계만 하더라도 불자를 헤아릴 수 없는데 극락세계는 시방세계 모든 부처님이 주재하시는 무수한 불국토에서 부처가 되고자 하는 불자들이 모두 모이기 때문에 한량이 없을 수밖에 없다.

그런데 극락세계에 머무는 불자는 모두 아라한의 경지에 든 분이라 한다. 아라한의 경지에 든 분들은 오랜 세월 공덕을 닦고 복을 많이 지어서 마땅히 공양 받을 만한 분들이며, 더 배워야 할 것이나 더 알아야 할 것이 없다는 뜻에서 무학無學이라고 불리는 수행자 가운데 최고의 경지에 오른 성자들이다.

이런 성자들이 모두 극락세계에서 성불을 기다리며 주야로 계속 아미타 부처님의 법문을 듣고 또 삼천대천세계로 다니며 부처님들께 공양 올리며 계신다. 상상만 하여도 장엄하지 않은가.

사바세계에서 어떤 직업을 가지고 살았든, 어떤 신분으로 살았든, 큰스님이든 작은 스님이든 상관없이 극락세계에만 나면 모두 아라한이라는 성자가 된다는 이 놀라운 사실을 여러분은 의심해서는 안 된다. 덕의 높고 낮음, 못나고 잘남에 상관없이 극락세계만 가면 아라한이 되고 마침내 부처가 된다. 그러니 극락세계 가는 일에 초점을 맞추어야 한다.

사람은 제각각 자기의 눈에 맞는 안경을 착용하고 세상을 본다. 업장이 두터운 사람은 두터운 대로, 덜한 사람은 덜한 대로 자기 마음의 격에 따라 더도 덜도 아닌 딱 그만큼만 본다. 실상법계實相法界, 우주의 이치를 그대로 생생하게 보시는 부처님의 눈으로 봤을 때 극락이 이러한 장엄으로 이루어져 있다고 말씀하시는데 어찌 어두운 눈을 깜빡거리는 범부중생으로서 믿지 않을 수 있겠는가.

이 『아미타경』을 법문하신 분이 석가모니 부처님이시니 부처님께서 우리들에게 해 주신 말씀대로 실천하면 극락왕생하는 것이다. 부처님께서 말씀하신 대로 언제 어디를 가든지 부처님을 생각하고, 부처님의 법을 생각하고, 스님을 생각하며 살면 자연히 자신의 마음을 괴롭히는 삼독심의 습기는 끊어지게 된다. 그래서 입으로는 부처님의 말을 하게 되고 몸으로는 부처님의 행동을 하게 되니 왕생이 어찌 멀며, 성불이 어찌 불가하겠는가.

헤아릴 수 없는
극락의 보살

어떠한 산수算數로도 성문 제자들의 수효를 헤아릴
수 없고, 보살 대중의 수도 또한 그렇다. 사리불이
여, 극락세계는 이와 같은 공덕장엄으로 이루어졌느
니라.

————

성문도 한량없을 뿐더러 셀 수 없는 보살도 극락세계에서
부처가 되고자 머무신다. 보통『아미타경』을 독송할 때 맨 처
음에 "나무 연지해회 불보살"을 세 번 읽은 후에『아미타경』을
읽는데, 이는 '극락연지에 드신 바다같이 무량한 불보살 회상

의 아미타 부처님과 모든 보살께 귀의하나이다.'라는 뜻이다.

그 왕생하는 수많은 보살에 대해서는 『무량수경』에 자세히 설해져 있다. 『무량수경』에서는 "부처님께서 미륵보살에게 말씀하시기를, 이 사바세계에는 67억이나 되는 불퇴전의 보살들이 있는데, 그들이 모두 극락세계에 왕생할 것이니라. 이 보살들은 일찍이 헤아릴 수 없이 많은 부처님을 공양하였으며, 그 높은 공덕은 거의 그대와 같으니라. 그리고 아직 수행 공덕이 부족한 여러 보살과 작은 공덕을 닦는 소승 수행자의 수가 헤아릴 수 없이 많은데, 그들도 또한 모두 극락세계에 왕생할 것이니라." 하였다.

석가모니 부처님이 계시는 불국토인 이 사바세계에 있는 보살만 67억인데, 부처님께서는 그 외에도 열세 분의 부처님이 주재하시는 불국토에서도 수천억의 보살이 왕생하며, 시방세계의 헤아릴 수 없는 불국토에서도 극락세계에 왕생하는 이들이 수없이 많다고 하면서 그 불국토와 보살의 수가 얼마나 많은지 그것도 대강만 말씀하신 것이라 하셨다.

법장 스님의 마흔네 번째 구족덕본원具足德本願이 성취되었기에 이 많은 보살이 전부 아미타 부처님의 이름을 듣고 한없이 기뻐하며 보살행을 닦아서 모든 공덕을 갖추고, 마흔다섯 번째 주정구불원住定具佛願이 성취되었기에 삼매에 머물면서 성불하기까지 언제나 불가사의한 일체 모든 부처님을 뵙게 된다 하였다.

그런데 지장보살님은 지옥이 다 빌 때까지, 보현보살님은 허공계가 다하고 중생계가 다하도록 중생을 건지시는데, 대자대비를 본분으로 중생을 구제해야 마땅할 보살님들이 왜 줄지어 극락세계에 나려 하는지 의문이 드는 분이 있을 것이다. 보살 가운데는 관세음보살처럼 오랜 세월 공덕을 닦아 생멸이 없는 무생법인의 배를 타고 중생을 구제하는 보살이 있는가 하면 공덕이 부족한 보살도 있다. 공덕이 부족하여 무생법인을 얻지 못한 보살들은 갓난아기가 어머니를 떠날 수 없듯이 항상 부처님 곁에서 인욕행忍辱行을 닦는다. 오탁악세五濁惡世의 수많은 장애에서 자유롭지 못하기 때문에 극락에 나서 무생법인을 얻고 다시 사바세계에 나서려는 것이다.

우리 이웃에는 이미 수많은 보살의 화신이 음으로 양으로 활동하고 있음을 알아야 한다. 수행 공덕의 차이는 있지만 그들 가운데는 자신을 던져 죽어 가는 생명 살리기를 마다하지 않는 분도 있고, 평생 피땀 흘려 모은 재산을 희사해 어렵고 힘든 사람들을 구제하는 분도 있다. 비록 수행 공덕이 부족해 이 세상 수많은 아픔을 인욕하며 살고 있지만 그분들도 반드시 극락에 왕생할 것이다. 왜 그런가. 극락은 깨끗한 곳이요, 내 것에 탐착하지 않는 사람들이 사는 곳이기 때문이다. 그러니 이 땅의 거룩한 보살들에게도 우리는 경배해야 한다. 나무 청정대해중보살 마하살!

아비발치보살과
일생보처

사리불이여, 극락세계에 태어나는 중생들은 다 보리심에서 물러나지 않는 이들이며, 그 가운데는 일생보처一生補處*에 오른 이들이 수없이 많아 숫자와 비유로도 헤아릴 수 없고, 오직 무량무변 아승지로 표현할 수밖에 없다.

———

법장 스님이 "보살들이 제 이름을 듣고 물러나지 않는 불퇴전의 자리에 이를 수 없다면 부처가 되지 않겠나이다."라고 한, 마흔일곱 번째 득불퇴전원得不退轉願이 성취된 곳이 극락세계이기에 극락세계 대중은 모두 물러나지 않는 신심을 지니고 있다. 법장 스님은 또한 "다른 불국토의 보살들이 극락에 와서 태어난다면, 그들은 한 생만 지나면 반드시 부처가 되는 일생보처의 자리에 이르게 되리."라고 한 스물두 번째 필지보처원必至補處願을 발원하셨다.

'보리심에서 물러서지 않는 이'를 아비발치보살阿鞞跋致菩薩^{••}이라 한다. 보리심은 진리를 구하는 마음이고, 부처가 되겠다는 마음이다. 불자라면서 이 보리심이 없다면, 죄송하지만 진실한 불자가 아니다. 보리심이 성불成佛의 불씨이다. 보리심이 일어나야 극락왕생도 발원하게 되고, 부처도 될 수 있다. 그런데 극락세계에 태어나는 중생은 다 보리심에서 물러서거나 흔들리지 않고 정진하는 이들이라는 것이다.

흔들림 없이 정진하는 일은 결코 쉽지 않다. 삼독심이 난무하는 번뇌의 소용돌이 속에서 무수겁을 살아온 범부중생이 어떻게 극락에 가서 불퇴전의 보살이 될 수 있는가? 천태 지자 대사는 『정토십의론』에서 그 이유를 이렇게 밝혔다.

첫째, 항상 아미타 부처님께서 대비원력으로 이끌어 주

• 한 생만 지나면 부처님의 지위에 오른다는 보살의 지위를 '일생보처', 또는 등각(等覺)이라고 한다. 미륵보살 같은 분을 이른다.

•• 성불이 결정되어 보살위에서 타락하지 않는 위치의 보살. 불퇴(不退), 무퇴(無退), 불퇴전(不退轉)으로 번역한다.

시기 때문에 보리심에서 물러나지 않고, 둘째, 아미타 부처님의 지혜와 자비광명이 항상 비치므로 보리심에서 물러서지 않고, 셋째, 흐르는 물과 새, 나무, 숲, 바람 소리, 음악 소리 등이 항상 설법하기 때문이고, 넷째, 무수한 보살이 도반이 되어 공부를 돕기 때문에 삿된 인연에 빠지지 않고, 다섯째, 수명이 한량없어서 영원토록 공부하기 때문에 아비발치보살이 될 뿐 아니라 곧 부처가 될 이들이 헤아릴 수 없다는 것이다.

극락세계 사람들은 모두 수행자이다. 모두 부처가 되거나, 서로 부처가 되도록 돕는 일만 한다. 이들 중에는 부처님의 설법이나 새들의 설법 등을 듣고 깨달음에 드는 음향인音響忍의 경지에 이른 이들이나, 스스로 공부해서 깨달음의 맛을 느끼고 따르는 유순인柔順忍에 이른 이들도 있고, 나아가 모든 법은 나거나 죽지 않는다는 진리를 깨달아서 부처님께서 쓰신 실상實相의 지혜에 머물며, 그 누구도 이 보살의 마음을 파괴할 수 없고 움직일 수도 없는 무생법인의 경지에 오른 이도 있다. 그것은 법장 스님의 마흔여덟 번째 득삼법인원의 원력이 성취되었기 때문이다.

이렇게 극락에 난 사람들은 단 한 사람도 범부로 남아 있지 않는다. 각자 정도의 차이는 있지만 능력에 따라 부처가 되려는 보리심을 지니고 수행한다. 이런 극락 사람들에 비하면 우리는 어떤가. 입으로는 '불도를 다 이루오리다.' 하고 서원하면서 과연 성불하는 인연을 꾸준히 지어 가는지 돌아보아야 하겠다.

극락왕생을
발원하자

이 말을 들은 중생들은 마땅히 서원을 세워 저 세계
에 가서 나기를 원해야 할 것이다. 왜냐하면, 거기
가면 그와 같이 으뜸가는 사람들과 한데 모여 살 수
있기 때문이다.

———

"극락왕생하자. 극락세계 가자."고 하면 극락세계에 가는
일은 살날이 얼마 남지 않은 어르신들이나 원하는 일이지 젊은
사람들이 무슨 극락 타령이냐고 말하는 사람들이 있다. 가당
치 않다. 그런 말은 극락왕생의 업을 닦으신 무수한 불보살과

선지식을 폄하하는 말이다. 극락 가는 정토업淨土業은 남녀노소 누구나 시급히 닦을 일이다. 태어나 일생 동안 밥 먹고 잠자는 시간, 오욕칠정에 탐닉하는 시간, 인간관계에 할애하는 시간을 빼면 진정 나를 위해 사는 세월은 얼마 되지 않는다. 그 극히 짧은 시간을 할애해 극락 가는 업을 닦아야 하는데 급하지 않은가? 급하고 급하다.

젊은 시절에는 영원히 살 줄 알고 달콤한 꿀물에 젖어 있다가 자식들 키우면서 육체와 정신의 정기를 다 뺏기고 나면 어느새 황혼이고, 저만치에서 누가 부른다. 그것이 인생이다. 그런데도 아직도 갈 길을 정하지 못하고 그 옛날 꿀물 생각만 하고 있으니 측은하고도 가련하구나, 인생이여! 숨을 쉬고 있으니 산 사람이지만 어찌 산 사람이라 하겠는가.

극락왕생은 우주의 철리哲理를 간파한 위대한 성자, 석가모니 부처님께서 우리를 어여삐 여겨 대자비심을 보이신 길이다. 이 길을 따라가면 반드시 좋은 일이 있다 하시는데 무엇을 망설이는가!

거기 가기만 하면 보기 싫은 사람은 더 이상 보지 않아도 된다. 무수한 보살과 함께 항상 편안하게 부족함이 없이 살 수 있다. 온갖 애욕으로부터도 자유롭다. 가지지 못함에서 자유롭고, 끝없이 베풀 수도, 끝없이 공양 올릴 수도 있다.

조선 시대, 경주 남산 아랫마을에 김씨, 박씨 성을 가진 두 할머니가 친구처럼 살았다. 그런데 김 할머니는 자주 절에 다니면서 불공도 드리고 법문도 들어서 윤회고에 빠진 이 사바세계가 얼마나 괴로운지 잘 알았기에 극락세계에 태어나기를 원하면서 열심히 염불했다. 일마다 입에서 '나무아미타불' 염불이 끊이지 않았다. 김 할머니가 밥을 지을 때도, 아궁이에 불을 지필 때도, 길을 오가면서도 하는 '나무아미타불' 소리에 박 할머니도 따라 하기는 했지만 건성이었다.

그런데 어느 날 갑자기 김 할머니가 밭일하는 박 할머니에게 "나 내일 극락 가네." 하고 외쳤다. 평소 극락이 좋다는 얘기를 들었던 박 할머니는 찰떡같은 단짝 김 할머니가 극락에 간다니 마음이 급해졌다. "그럼 나도 극락 가야지." 하고는 급한 마음에 호미, 소쿠리를 내던지고 극락을 바라는 마음 하나로 한꺼번에 밀린 염불을 다할 기세로 "천타불, 만타불, 천타불, 만타불……." 하며 집으로 달려갔다. 그리고 가는 길에 서쪽으로 합장하고 서서 극락왕생했다고 전한다.

평소 염불도 안 하고 살았던 박 할머니는 친구가 극락에 간다고 하니까, 자신도 꼭 가야겠다는 일념으로 모든 것을 미련 없이 내던지고 서방정토 아미타 부처님만 생각하며 "천타불 만타불" 하고 아미타 부처님을 불렀던 것이다. 이토록 간절한 신심이면 어찌 왕생하지 못하겠는가? 나무아미타불!

극락왕생을
주저하지 말라

중국 당나라 때 선도善導 대사가 쓴『관무량수경소』의 「산선
의散善義」에 '이하백도二河白道'라는 비유설법이 있다.

어떤 나그네가 서쪽을 향해 여행을 떠났다. 출발하고 나서
앞을 살펴보니, 남북으로 두 개의 큰 강이 흐르고 있는데, 북
쪽에는 물의 강이, 남쪽에는 불의 강이 흐르고 있었다. 이 두
강의 가운데에 폭이 한 뼘 남짓한 흰 길이 좁다랗게 동서로 뻗
어 있는데 양쪽 강에서 물이 철썩 넘치기도 하고 불꽃이 넘실
거리기도 했다. 나그네가 전진하려고 해도 무서워서 도저히
걸음을 뗄 수 없었다. 그래서 돌아가려고 뒤를 보니까 뒤에서
는 험악한 도적과 사나운 맹수가 덤벼들었다. 그때 뒤편 동쪽

언덕 위에서 어떤 사람이 소리쳤다.

"여보시오, 좌우 살피지 말고 거기 보이는 좁다란 흰 길을 따라 곧장 앞으로 가시오. 위험하지 않으니 안심하시오."

또 가만히 듣자니, 건너편 서쪽 언덕에서도 소리가 들려왔다.

"보시오, 다른 생각 말고 오로지 한 마음으로 바로 오시오. 그러면 내가 당신을 지켜 주리다. 물과 불 속에 떨어질까 무서워 마시오."

이 말을 들은 나그네는 안심이 되어 흰 길에 올라 앞만 보고 걸어갔고, 무사히 건너편에 당도해 좋은 벗들과 함께 영원한 기쁨을 누렸다는 이야기다.

여기서 나그네는 우리 자신이고, 물의 강은 탐욕과 애착하는 마음, 불의 강은 성내고 미워하는 마음을 뜻한다. 또 백도白道는 청정한 신심信心과 아미타 부처님의 본원력本願力, 바로 '나무아미타불'이라 할 수 있다. 그리고 동쪽 언덕 위의 사람은 석가모니 부처님, 서쪽 언덕 위의 사람은 아미타 부처님을 뜻한다.

석가모니 부처님의 이 불가사의한 가르침을 통해 극락왕생의 길을 알았으면 망설이지 말고 탐욕과 성냄에 빠진 어리석음을 떨치고 아미타 부처님의 본원력을 믿어 곧장 염불행을 실천하라는 가르침이다. '신위도원공덕모信爲道元功德母', 믿음은 도道의 으뜸이며 공덕의 어머니이니, '장양일체제선법長養一切諸善

法', 훌륭한 모든 법을 길러 내는 줄을 알아 오로지 간절한 믿음으로 극락세계에 왕생하려는 원을 세우고 염불행을 닦으면 된다.

오탁악세에서 나올 기약이 막막한 중생을 위해 마지막으로 설하신 이 불가사의한 법문인 『아미타경』의 말씀을 들은 중생이 서원을 세우지도 않고, 저 세계에 가서 나기를 원하지도 않고, 의심쩍어 할 것을 염려하셔서 석가모니 부처님도 아미타 부처님도 좌우를 살피지 말고 곧장 앞만 보고 가라고 인도하시는 것이다.

불교를 믿는 사람은 모름지기 불보살님들께서 '우리를 구제하시는 근본 뜻'이 어디 있는지 잘 알아야 한다. 우리는 기도할 때 세속적인 복에 목말라하지만 그분들의 뜻은 세속적인 복을 주기 위함에 있지 않다. '성불로 이끌고자 함'에 그 뜻이 있음을 명심해야 한다. 그러니 기도할 때도 성불일념으로 부처님을 마음에 모시고 부르는 데 집중해야 한다. 그렇게 하면 자식 복, 남편 복, 부자 복, 출세 복은 저절로 따라 온다. 세속적인 원은 기도의 끝에 축원할 때 바라고, 기도할 때는 오로지 염불에만 마음을 모아야 한다. 그래야 우리를 성불시키려는 불보살님 뜻에 계합해 기도를 성취할 수 있다.

극락세계에
태어나는 인연

사리불이여, 조그마한 선근이나 복덕의 인연으로 저 세계에 가서 날 수 없느니라.

———

여기서 '조그마한 선근'이란 말의 뜻을 잘 새겨야 한다. 선근이나 복덕의 크기가 작고 큼을 뜻하는 말이 아니다. '가장 큰 선근 복덕'은 부처님을 항상 마음에 모시고 사는 염불 수행이다. 부처님을 항상 언제 어느 곳에서나 잊지 않고 마음에 모시고 살면 그 사람은 계행이 바르고 육바라밀 속에 살게 마련이다. 자비롭지 않을 수 없고, 어리석은 생각에서 벗어날 수 있다. 그렇기 때문에 염불은 대승 수행의 기본이라 할 수 있다.

『관무량수경』에 보면 부처님께서 극락세계에 가서 나고 싶어 하는 위제희 부인에게 다음과 같이 말씀하신다.

"저 불국토에 가서 나고자 하는 사람은 세 가지 복을 닦지 않으면 안 됩니다. 첫째, 부모님께 효도하고 스승과 어른을 공손히 섬기며, 자비로운 마음으로 산 것을 죽이지 않고 열 가지 착한 일을 행해야 합니다. 둘째, 불·법·승 삼보에 귀의하고 여러 가지 도덕적인 규범을 지키며 위의를 범하지 말아야 합니다. 셋째, 보리심을 내어 깊이 인과의 도리를 믿고 대승경전을 독송하며 남에게도 이 길을 권해야 합니다. 이와 같은 세 가지를 청정한 업이라 합니다."

세간에서 닦을 복업, 계행을 지킬 복업, 수행 정진하는 복업은 과거·현재·미래 삼세 부처님의 공통적인 청정한 업으로서, 이런 청정업淸淨業을 닦아야 왕생한다고 당부하시면서도 경經의 끝에 가서는 염불하는 선근이 가장 수승한 공덕이라고 강조하신다.

또 『무량수경』에서 부처님께서는 미륵보살에게 이렇게 당부하셨다.

"누구든지 아미타불의 명호를 듣고, 그지없이 기뻐하여 아미타불을 다만 한 번만이라도 생각한다면 이 사람은 큰 이익을 얻게 되는 것이니라. 분명히 알아 두어라. 바로 이것이 위없는 공덕을 갖추게 되는 것이니라. 미륵이여, 설사 맹렬한 큰 불이 삼천대천세계에 충만하다 할지라도 한사코 뚫고 나가서 이 경전의 가르침을 들어야 하느니라."

염라대왕이 초상화를 모시고 존경했다고 전하는 중국의 대선지식인 영명 연수 선사는 참선과 더불어 왕생업을 닦은 분으로 유명하다. 스님은 참선 수좌들에게 「사료간四料簡」이란 글을 남겨 다음과 같이 정토 수행을 적극 권장했다.

"확철대오하고 정토발원도 한다면 마치 이마에 뿔 달린 호랑이처럼 현세에는 여러 사람의 스승이 되고 장래에는 부처나 조사가 될 것이로다.

확철대오하지 못했더라도 정토발원을 한다면 만 사람이 닦으면 만 사람 모두 왕생하리니 다만 아미타 부처님을 뵈옵게 된다면, 어찌 깨닫지 못할까 근심하리오.

확철대오는 했더라도 정토발원이 없다면 열 명 중에 아홉 명은 옆길로 새 버리게 되리니 만약 임종할 때 저승세계가 나타나면, 순식간에 끌려가 버리게 될 것이로다.

확철대오도 못하고 정토발원도 없다면 지옥의 쇠 침대와 구리 기둥을 껴안고서 수억만 겁, 수천만 생을 지나도록 믿고 의지할 사람이 하나도 없으리로다."

염불행자는
가장 뛰어난 사람이다

정토발원을 하면 언젠가는 극락에 왕생한다. 마치 서쪽으로 기운 나무가 언젠가는 서쪽으로 넘어지는 이치와 같다. 그렇지만 아무리 덕이 높아도 원하지 않으면 갈 수 없다. 극락에 가서 성불하기를 원하는 사람은 무엇보다 진솔해야 한다. 자기를 있는 그대로 드러낼 수 있어야 한다. 부끄러우면 부끄러운 대로 자기의 지금 모습을 드러내 참회하는 사람이 되어야 청정행을 닦을 수 있다.

소납이 시봉했던 자운 대율사는 평생 스스로를 상참괴승이라 여기며 살았다. 아미타불 종자 진언 "옴 바즈라 다르마 흐릿"을 하루 일만 독씩 하고, 야밤에는 작은 불을 밝히고 사경을 하며 거의 잠을 자지 않았다. 그러면서도 부처님처럼 성불하여 중생제도 못함을 부끄러워하면서 항상 자신에게도 남에게도 부끄러운 줄 아는 참괴의 도리로 살았다. 그래야만 진솔한 참회가 되고 생각과 말과 행이 청정할 수 있다고 했다. 스님의 참회법은 바로 염불이었다. 우리가 참회 기도를 할 때 삼천 부처님의 명호를 부르며 참회하는 이유도 부처님의 명호를 부르는 염불이 바로 참회이기 때문이다.

우리는 사바세계에서 셀 수 없는 사람들과 함께 살면서 부끄러운 줄 모르고 나의 뜻에 맞는 사람에게는 호의를 베풀고 나의 뜻에 어긋나는 사람은 험담하며, 어떤 사람은 악하다 하고 어떤 사람은 착하다고 분별하면서 산다.

과연 이 사바세계에 "나는 진실로 착하다."고 자신할 수 있는 사람이 단 한 명이라도 있을까? 죄송하지만 오탁악세에 사는 사람들은 모두 삼독심을 지니고 있기 때문에 착한 업을 지어도 진실로 착하다 할 수는 없다. 온갖 선행을 베풀어 사람들로부터 칭송을 받는다 할지라도 착하게 보일 뿐이지 탐내고 성내며 어리석은 생각에서 자유롭지 못한 사람은 아무리 선업을 닦았다 하더라도 진실로 착하다 할 수 없다.

깨쳤다는 사람은 어떤가? 삼독심에서 정말 자유로운가? 이 사바세계에 태어난 순간 그 누구도 삼독심에서 자유로울 수는 없다. 한숨 들이키고 내쉬는 순간에도 눈에 보이지 않는 수억만의 중생을 살생하며 살지 않는가. 한 걸음 내디딜 때도 수

억의 중생을 짓밟지 않는가. 법신으로 비추시는 부처님 외에 누가 삼독심에서 자유로울 수 있는가? 그러니 부처님의 명호를 불러야 한다. 부처님을 부르는 염불 자체가 바로 나 자신의 참회이기 때문이다.

우리는 진실로 착하지는 않지만 최상승인最上乘人으로는 살수 있다. 어떤 사람이 최상승인인가? 『관무량수경』에서 부처님은 "항상 부처님을 생각하는 사람은 인간 가운데서 가장 순결한 연꽃이니라. 그래서 관세음보살과 대세지보살은 그의 좋은 친구가 되며, 그는 항상 진리를 떠나지 않고, 필경에 부처를 성취하게 되리라."라고 하셨다. 또 중국 당나라 때 선도 화상은 "만약 염불하는 사람이 있다면 이 사람은 사람 중에 최상승인"이라고 했다.

그러니 염불하는 사람을 사람들 중에서도 가장 뛰어난 사람이라 하지 않겠는가. 수많은 '선남자, 선여인'이 부처님 말씀 따라 청정행을 닦으며 불가사의한 아미타 부처님의 명호를 모시고 최상승의 삶을 살고 있는데 아직도 사람들 가운데는 지옥 가기는 두려워하면서 극락 가는 쉬운 법을 마다하고 있으니 불보살님인들 어찌 하겠는가.

일심으로
나무아미타불 염불

선남자 선여인이 아미타불에 대한 이야기를 듣고 하루나 이틀, 혹은 사흘·나흘·닷새·엿새·이레 동안 한결같은 마음으로 아미타불의 이름을 외우되, 조금도 마음이 흐트러지지 않으면 그가 임종할 때에 아미타불이 여러 거룩한 분들과 함께 그 사람 앞에 나타날 것이다.

———

'한결같은 마음', 즉 '일심一心'이 될 수만 있다면 성불뿐만 아니라 세속에서 구하는 그 어떤 소원도 이루지 못할 것이 없다. 일심, 일념一念, 일심불란一心不亂은 염불뿐만 아니라 모든 수행에서 삼매三昧로 들어가는 핵심 요체要諦이다.

어른 공경 잘하고, 자비심으로 세상을 대하며 인과법을 믿고 불·법·승 삼보에 귀의하는 등 청정행을 닦는 '선남자, 선여인'이 영원한 생명이신 아미타 부처님의 공덕에 대해 듣고 일심으로 아미타 부처님을 집지명호執持名號하면 임종할 때 아미타 부처님과 관세음보살님, 대세지보살님 등 거룩한 성중聖衆이 나타난다는 것이다. 여기서 '집지'는 아미타 부처님을 간절하게, 꼭, 항상, 변함없이, 굳건한 바위처럼 마음속에 모시고 부르는 것이다.

옛날, 함경도 두메산골에 젊은 나이에 남편을 잃고 홀로된 며느리가 시어머니를 모시고 살았다. 두 과수댁은 서로 의지하고 토닥거리면서 살았는데 시어머니가 고희를 넘길 즈음 걱정이 하나 생겼다.

'이제 칠십을 넘겼으니 살날이 얼마 남지 않았다. 극락이라는 데가 있다던데 죽으면 거길 가야 할 텐데. 어째 갈꼬.'

근심이 떠나지 않자 마음에 짐이 돼 하루하루가 우울했다. 그러던 어느 날 밖에 나갔다 돌아온 시어머니가 얼굴이 환해져서 며느리에게 신나게 자랑하는 것이었다.

"얘야, 이제 극락에 갈 수 있게 됐다. 마음이 울적해서 고개 너머 바닷가를 갔는데 묘향산에서 오셨다는 스님 한 분을 만났지 뭐냐. '극락을 어찌해야 갑니까?' 하고 여쭈었더니 자나깨나……, 뭐라더라. 뭐라 하시던데. 아이고, 큰일 났네. 이를 어째."

생각이 나지 않아 안타까워하는 시어머니를 보자 며느리는 설핏 고소한 생각이 들어 은근히 거드는 척하면서 "어머니, 혹시 그 스님께서 뒷집 김 영감님을 부르라고 하시지 않던가요?" 하고 말했다. 며느리가 엉뚱하게 알려 주었는데도 긴가민가하다가 가만히 생각해 보니 점점 그렇게 들린 듯하였다.

"그래, 맞아. 그러신 것 같구나."

그날부터 시어머니는 자나깨나 '김 영감님, 김 영감님……' 하고 지극정성으로 불렀다. 그리고 마지막 임종 순간에도 실낱같은 음성으로 '김 영감님'을 불렀다. 며느리는 죄송했지만 진지한 시어머니를 지켜보면서 차마 아니라고 할 수 없었다. 그런데 시어머니가 숨을 거두자 서쪽 하늘에서 밝은 광명이 뻗쳐 와 그 집을 환하게 에워싸더니 다시 서쪽으로 사라졌다. 오로지 '김 영감님'만을 불렀지만 시어머니 마음은 항상 극락세계를 그리며 이미 서방극락에 가 있었기에 왕생했던 것이다.

일심을 이루고 믿음을 견고히 해서 하루, 이틀, 사흘, 나흘 물러나지 않는 염불행을 꾸준히 함이 참으로 중요하다. 설혹 망상이 일어나더라도 아미타 부처님의 본원本願의 배에 타고 있으니 걱정 말고 계속 염불에 집중하면 좋은 날을 만날 것이다.

환희로운
임종

그가 목숨을 마칠 때에 생각이 뒤바뀌지 않고 아미
타불의 극락세계에 왕생하게 될 것이다.

———

　법장 스님의 열아홉 번째 발원, "시방세계 중생이 보리심
을 일으켜 공덕을 쌓고, 지성으로 극락에 태어나고자 원을 세
우면 임종 때 대중과 함께 가서 그들을 마중하리라."는 임종현
전원臨終現前願이 성취되었기에 염불 수행자는 아미타 부처님 등
성중을 따라 무사히 극락으로 가게 된다.
　여기서 '극락에 간다.'는 말은 단순히 죽음을 뜻하지 않

는다. 죽음이 아니라 부처가 되는 길에 본격적으로 접어들었다는 뜻이다. 재를 지낼 때도 동참재자들이 극락왕생을 발원하는데 그것은 지긋지긋한 사바세계를 떠나 좋은 세상에 난다는 의미보다는 부처가 되는 곳으로 가는 거룩한 의식으로 받아들여야 한다.

그러니 극락 가는 임종이 슬픈 일만은 아니다. 다시 못 본다 생각하니 슬프기는 하겠지만 염불행을 닦다가 죽음을 맞이한 사람에게 임종은 울고불고할 일이 아니다.

그런데 목숨이 경각에 달려서 헐떡거리며 정신이 오락가락하는데 아미타 부처님을 생각하고 부르기가 쉬운 일일까. 법장 스님의 열여덟 번째 발원인 염불왕생원念佛往生願에 의하면 아미타 부처님을 다만 열 번만 불러도 극락에 태어날 수 있다는데 숨이 넘어가는 시점에 열 번을 부른다는 게 쉬운 일일까. 임종할 때는 온갖 마장이 침범한다. 육신의 고통, 죽음의 공포, 살려는 집착, 자식 걱정 등, 그런 마장으로부터 생각이 뒤바뀌지 않으려면 어떻게 해야 할까?

숨이 넘어가면서도 정신을 잃지 않고 아미타 부처님을 부를 수 있으려면 수레가 낡기 전, 젊을 때부터 집지명호, 간절하고 굳센 마음으로 염불하는 인연을 성숙시켜야 한다. 그러니 염불은 나이든 어르신이 되어서 하는 것이 아니다. 젊고 싱싱할 때부터 부지런히 불러 몸에 습이 돼야 한다. 그래야 임종할 때 심부전도心不顚倒, 생각이 뒤바뀌지 않고, 정신 줄을 놓지 않고 아미타 부처님의 광명을 따라 나아갈 수 있는 것이다.

　생각이 뒤바뀌지 않는 죽음이 되어야 떠밀려서 질질 끌려가는 것이 아니라 내가 원해서 가는 극락 여행길, 요즘 말로 웰다잉, 환희의 임종이 된다. 이렇게 사바세계의 죽음이라는 중요한 통과의례를 지나 극락이란 무한한 생명의 세계로 무사히 나아가기 위해서는 죽음의 순간까지 부처님을 떠나지 않는 염불삼매念佛三昧를 이루어야 함이 관건이다.

　『능엄경』에 나오는 초일월광불께서 대세지보살에게 가르쳐 주신 염불삼매법을 보면 "시방 여래께서 중생을 생각하여 가엽게 여김은 어머니가 자식을 생각하는 마음과 같은데 만일 자식이 도망간다면 생각한들 무슨 소용이 있겠느냐. 어머니를 생각하는 자식의 마음이 자식을 생각하는 어머니의 마음과 같을 때, 어머니와 자식은 여러 생을 지낼지라도 어기거나 멀어지지 않으리라. 만일 중생이 마음으로 부처님을 기억하여 염불한다면 현재 또는 미래에 반드시 부처님을 뵙거나 부처님과의 거리가 멀지 않으며, 방편을 빌리지 않고도 스스로 마음이 열리느니라."라고 하셨다.

　염불삼매에 들어가려면 끊임없이 침노侵撓하는 망상에 굴하지 않고 어머니가 자식 생각하듯 나를 생각하시는 부처님처럼 나도 멀리 계신 부모님 그리듯 부처님을 계속 생각해야 할 것이다.

빼어난
염불 공덕

염불은 아미타 부처님을 비롯한 불보살님의 불가사의한 위신력에 나의 마음을 일치시키는 수행법이다. 간절히 끈기 있게 염불하다 보면 아미타 부처님과 염불하는 나 자신이 하나가 된다. 그리고 더 나아가면 아미타 부처님도 나도 없어지는 삼매에 든다.

그렇게 염불이 삼매로 이어지려면 한 번, 두 번 염불할 때마다 불쑥불쑥 나타나는 번뇌로부터 나의 염불을 지켜야 하는데 그리기 위해서는 방편을 써야 한다.

언젠가 중국 사찰에 갔을 때 보니, 그곳 스님이 '나무아미타불' 하고 염불을 하는데 들릴 듯 말 듯 작은 소리로 하고 있었다. "왜 그렇게 작은 소리로 하십니까?" 여쭈니까, 그 스님은 "작은 소리로 속삭이듯 해야 번뇌가 침범하지 못해 삼매에 들기 쉽습니다."라고 했다. 고성 염불은 고성 염불대로 큰 공덕이 있지만 아주 작은 소리로 마치 부처님의 귀에다 대고 속삭이듯 하는 염불도 삼매에 드는 데 큰 도움이 됨을 배웠다. 여러분들이 집에서 염불할 때는 작은 불상을 모시고 하거나 '나무아미타불' 글자를 써 가며, 거동할 때는 손으로 염주를 돌리면서 하면 염불행이 훨씬 쉬우리라 생각한다.

염불은 불보살님의 가피력에 의지하므로 다른 수행법과 비교할 수 없는 현실적 가피력이 있다. 염불의 이러한 위신력은 고난을 극복해 보려는 많은 세상 사람에게는 고난 극복문이 되고 있고, 수행자들에게는 수행 중에 나타나는 장애를 극복하는 장애 극복문이 되기도 한다. 그래서 부처님 당시부터 시작해 오늘에 이르기까지 많은 선지식이 이 염불법을 권하고 있다.

『선정쌍수집요禪淨雙修集要』에 보면, 육조 혜능六祖慧能 스님에게 어떤 사람이 "염불에 무슨 이익이 있습니까?" 하고 여쭈자 스님이 답하신 내용이 있다.

"한 구절, 나무아미타불을 염불하는 것이 만대의 괴로움을 뛰어넘는 묘한 길이요, 부처가 되고 조사가 되는 정당한 원인이요, 삼계인천三界人天의 바른 눈이요, 마음을 밝히고 성품을 보는 지혜의 등불이요, 지옥을 깨뜨리는 맹장이요, 삿된 무리를 베는 보검이요, 오천 대장경의 골수요, 팔만 다라니의 중요한 문이요, 암흑을 여의는 밝은 등불이며, 생사를 벗어나는 좋은 방편이요, 고해를 건너는 배요, 삼계를 뛰어넘는 지름길이요, 가장 존중하고 가장 높은 묘한 문이며 한량없고 그지없는 공덕이니라.

이 한 구절을 기억하여 생각마다 항상 앞에 나타나고, 때때로 마음에 떠나지 아니하며, 일이 없어도 이와 같이 염불하고, 일이 있어도 이와 같이 염불하며, 안락할 때도 이와 같이 염불하며, 병고가 있을 때에도 이와 같이 염불하며, 살았을 때에도 이렇게 염불하고, 죽어서도 이렇게 염불하여 한결같은 일념이 분명하면 무엇을 다시 남에게 물어서 갈 길을 찾으랴. 이른바 한 구절 오직 아미타불을 지니고 딴 생각 없으면 손가락 튕길 수고도 하지 않고 서방극락에 가리라."

이와 같은 염불의 위력에 근거하여 일체중생이 아미타 부처님의 큰 원력 바다에 들기를 무수한 선지식은 염원하였다. 부처님의 명호를 부르는 가르침은 경전에 있는 바와 같이 실로 한 번만이라도 염하면 업장이 녹아서 무수겁 동안 쌓은 죄와 원결을 소멸하여 길이 고통에서 벗어날 수 있다. 그러니 불자든 아니든 무식자든 유식자든 큰 바다에서 마음껏 일심 염불하소서.

염라왕도 숭배한
영명 연수 선사

중국의 선지식 가운데 영명 연수 선사는 평생 동안 방생을 수없이 하셔서 선정에 들었을 때 종달새가 옷자락에 집을 지었을 정도로 자비로우셨다 한다. 살아서는 세상 사람들에게 아미타 부처님의 후신이라 존경받으셨고, 죽어서는 저승의 염라대왕까지도 존경했다고 전한다.

연수 선사는 "염불 수행이 무르익으면 심지(心地, 마음자리)가 청정해져서 부처님과 서로 상응하게 되어 바야흐로 부처님이 앞에 나타나심을 뵙게 되며 부처님의 인도를 받아 극락에 왕생한다. 부처님이 앞에 나타나시지만 부처님은 실제로 가고 옴이 없는 것이 마치 하늘에 떠 있는 달이 수많은 강을 비추어

강물 위에 일시에 나타나는 것과 같다. 달은 실제 분별이 없는데, 우리 마음은 물과 같아서 마음이 깨끗하지 못하면 물이 더러운 것처럼 하늘에 달이 떠 있어도 그 모습을 보지 못한다. 그러므로 마음이 전도돼 혼란한 자는 비록 부처님이 빛을 놓아 극락으로 인도하고자 하여도 왕생하지 못한다. 이는 눈먼 사람이 해를 볼 수 없는 것과 같다."고 했다.

이 말씀은 『금강경』에서 장로 수보리가 부처님께 우리가 마음을 어떻게 머물며, 마음을 어떻게 항복받아야 하는지를 물은 데 대한 답과 같다. 마음이 사상四相°에 이끌려 혼란하게 전도顚倒되지 않아야 한다는 것이다. 염불행자는 오직 '나무아미타불' 여섯 자에 마음을 머물고 '나무아미타불' 여섯 자를 지니고 부르며[執持名號] 마음을 항복받으면 하늘의 달이 나타나듯 부처님을 뵐 수 있다는 말씀이다.

연수 선사께서 열반하신 후 선사가 생전에 머물렀던 절에 어떤 스님이 찾아와서 머물렀다. 그런데 이 스님은 아침부터 하루 종일 영명 연수 선사의 사리탑을 돌았다. 몇 날 며칠을 사리탑만 돌자 이를 이상하게 생각한 대중이 그 스님에게 왜

• 　중생이 실재라고 믿는 네 가지 상을 말한다. 색·수·상·행·식의 오온(五蘊)이 화합하여 생긴 몸과 마음에 실재하는 내가 있다고 하는 소견인 아상(我相), 나는 인간으로 축생과 다르다고 집착하는 인상(人相), 나는 오온법으로 말미암아 생긴 것이라고 집착하는 중생상(衆生相), 나는 일정한 목숨(수명)이 있다고 집착하는 수자상(壽者相)이다.

그렇게 연수 선사의 사리탑을 돌고 계시냐고 물어보았다.

그 스님이 말하기를, "나는 전생의 죄업이 무거워 병을 앓다가 죽어 저승에 가서 염라대왕의 심판을 받게 되었는데 염라대왕이 벽에 어떤 스님의 영정을 모셔 놓고 있었지요. 염라대왕은 죄인을 심판하러 단에 오를 때에 그 영정에 향을 사르고 예배를 드리고 나서 죄인들을 심문하였습니다. 그래서 벽에 걸린 영정이 어느 스님의 영정이냐고 물어보았더니 대왕이 말하기를, '이 스님은 송나라 영명사에 계셨던 영명 연수 선사이신데 이 스님처럼 모든 덕행이 원만하신 분은 일찍이 보지 못했다.'고 하면서, '특히 인간 세상 사람으로서 이 연수 선사처럼 많은 생명을 구제해 주신 자비로운 분은 고금을 통해 봐도 없다. 그 덕이 너무나 높고 장하시어 숭배하고 있다.'고 말해 주셨지요." 하면서 아직 자신의 수명이 남아 있는데 사자가 잘못 데려왔다며 다시 나가서 수행을 더하라고 환생을 명하기에 환생한 후 연수 선사의 사리라도 참배하고 스님의 덕행을 본받고자 탑을 돈다고 하였다는 이야기가 『왕생록』에 전한다.

연수 선사의 무량한 자비심은 어디에서 온 것인가. 염불 수행을 하면 아미타 부처님의 무량한 생명과 상응하므로 자연히 자비심이 발현하며, 또한 아미타 부처님의 무량한 광명과 상응하므로 번뇌가 소멸되어 지혜에 들게 되는 것이다.

살아서도
좋은 염불

시대가 바뀌었으니 불교도 바뀌어야 한다지만 아무리 시대가 바뀌어도 바뀌지 않아야 할 것이 있다. 바로 부처님을 생각하고 부처님 법을 생각하고 스님들을 생각하는 염불·염법·염승이다. 이것이 불교의 근본 수행이라고 소납은 말하고 싶다. 우리들이 생활불교니 현대불교니 해서 시대에 맞는 불교의 모습을 찾지만 이 불교의 근본만은 결코 변해서도 안 되고, 잊어서도 안 된다.

염불이 습이 되면 마음자리가 청정하고 밝아져 '심부전도 心不顚倒', 즉 생각이 뒤바뀌지 않고, '원리전도몽상遠離顚倒夢想', 헛되고 뒤바뀐 생각에서 멀리 떠날 수 있다.

신身·구口·의意 삼업에 이 염불이 무르익으면 머리로는 부처님을 생각하고, 입에서는 자연히 부처님의 말이 나오고, 몸은 부처님의 행을 따라 부처님을 닮지 않을 수 없다. 그러니 내가 하는 염불이야말로 세상을 온통 부처님으로 가득 채우는 불사이다. 이런 멋진 불사佛事를 이루어야 하지 않겠는가. 이것이 진정한 생활불교이다. 선남자, 선여인 모두가 이렇게 염불하면 자연히 가정이 밝아지고, 사회도 맑아질 수밖에 없다.

'오직 마음이 극락'이라고 하면서 극락을 믿지 않는 이들이 있다. 자신의 마음에 극락을 이루면 현실극락現實極樂도 이루어진다. 살아서 극락이 되면 죽어서도 극락에 갈 수 있다.

문제는 입으로는 '오직 마음이 극락'이라고 하면서 한 걸음도 더 나아가지 못한 채 마음을 청정하고 산란하지 않도록 닦지도 않고 극락세계를 부정하는 사람들이다. 그런 사람들은 극락의 실재를 밝히신 석가모니 부처님을 불신하는 업을 짓고, 부처님께서 간곡히 설하신 『아미타경』을 깊이 새겨보지도 않은 사람이 아닌가 한다.

염불을 '죽어서 극락 가는 길을 가르치는 법'으로만 아는 이들이 있다. 아니다. 우리가 아미타 부처님을 부르며 염불하면 아미타 부처님께서 나의 일신과 가정을 외호하실 뿐만 아니라 아미타 부처님을 좌우에서 보좌하시는 자비로운 관세음보살님과 대지혜의 화신이신 대세지보살님이 우리를 자비와 지혜광명으로 인도하신다. 왜냐하면 구름이 걷히듯 내 속에 아미타 부처님과 보살님이 나타나시기 때문이다. 그렇기 때문에 아무 걱정할 것이 없다.

내가 염불하면 내가 가는 곳, 내가 만나는 사람, 내가 하는 일은 모두 대자비와 대지혜의 광명 속에 항상 편안할 것이다. 내가 만나는 사람들은 모두 밝고 환한 얼굴로 나를 맞이할 것이요, 내가 가는 곳마다 원결은 소멸되고 용서와 환희의 세상으로 바뀔 것이다. 병고로 고통받는 사람은 쾌차하여 다시 즐겁게 살 것이요, 외로운 사람은 홀로 있어도 외롭지 않으며 언제나 미소가 그치지 않을 것이다. 우리는 내가 사는 이곳, 이 순간, 이 가정을 현실극락으로 장엄하며 살아야 한다.

지극한 마음으로, 간절한 마음으로 부처님을 모시고 염불하다 보면 내가 만나는 사람 모두 아미타 부처님이요, 관세음보살님이요, 대세지보살님으로 나타나 나를 찬탄할 것이다. 이것이 염불의 불가사의한 가피이다. 염불은 단순한 미신도, 맹목적인 신앙도 아니다. 모든 수행을 포섭하고, 무수한 과거 겁의 악업을 소멸하며 우주의 주인인 나를 적극적으로 발현한다. 염불은 나를 아미타 부처님과 일치시키는 신나는 수행이다. 부디 염불을 즐기시길 바란다.

거듭 왕생을
권하시다

사리불이여, 나는 이러한 도리를 알고 그와 같은 말
을 하나니, 어떤 중생이든지 이 말을 들으면 마땅히
저 국토에 가서 나기를 원하라.

————

'한결같은 마음으로 아미타불의 이름을 외우되, 조금도 마
음이 흐트러지지 않으면 임종할 때에 아미타불을 위시한 성중
이 나타나며 그가 목숨을 마칠 때에 생각이 뒤바뀌지 않고 아
미타불의 극락세계에 왕생하게 된다.'는 도리를 알고 설하니 극
락에 나기를 원하라고 석가모니 부처님께서 거듭 당부하신다.

석가모니 부처님 이전이나 이후나 아무도 극락세계가 있고 아미타 부처님이 계신다고 말하지 않았다. 오직 석가모니 부처님만이 몇 번이고 거듭 강조하셨다. 부처님은 거짓말하시는 분이 아니다. 『금강경』에서도 "여래는 바른 말을 하는 이고, 참된 말을 하는 이며, 이치에 맞는 말을 하는 이고, 속임 없이 말하는 이며, 사실대로 말하는 이"라 하지 않았는가.

아무도 몰랐던 이 불가사의한 사실을 석가모니 부처님께서는 아시고 고통의 바다를 건너지 못하고 헤매는 말세 중생이 측은하셔서 대자비심으로 거듭 권하신 말씀이다. 어쩌면 부처님께서는 이 말씀을 하시면서 속으로는 눈물을 흘리고 계셨을지도 모른다.

부처님께서는 많은 법문을 하시고 수많은 중생을 건지셨지만 인연이 닿지 않아 부처님이 열반하신 후 오는 오탁악세에서 전쟁과 기근과 메르스 같은 전염병으로 고통받을 중생을 생각하며 아파하셨을 것이다. 그래서 아버지, 어머니가 자식을 생각하는 마음으로 이 쉽고도 희유한 법을 말씀하신 것이다.

그런데도 불교를 믿는 불제자라고 하면서 믿지 못하고, 극락세계를 하나의 이상세계 정도로 여기는 사람들이 있으니 그들은 도대체 누구의 자손인가. 부처님의 자손이 맞는지 묻고 싶다. 나아가 염불하는 사람들 중에서도 확고한 믿음을 세우지 못하고 '극락이 정말 있기는 한가?' 하고 의심하는 사람이 있는데, 『무량수경』에 보면 이런 사람을 염려해 부처님께서 미륵보살에게 말씀하신 대목이 있다.

"부처님의 한량없는 지혜 공덕을 의심하고 믿지 않았기 때문에 저 극락세계의 변두리에 있는 칠보궁전에 태어나서, 아무런 벌을 받지도 않고 나쁜 일이란 생각조차 나지 않지만 오백 년 동안이나 부처님과 법과 성중 등 삼보를 만나지 못하기에 삼보를 공양하여 공덕을 쌓을 수도 없느니라. 이러한 것이 큰 괴로움이 되어 다른 어떤 즐거움이 있더라도 그곳에 머물고 싶지 않다.

그러나 그들이 부처님의 지혜와 공덕을 의심한 허물을 깊이 참회하고 칠보궁전을 벗어나기를 원하면 바로 뜻을 이룰 수 있다. 미륵이여, 잘 명심하여라. 누구든지 부처님의 지혜 공덕에 의혹을 품는 것은 가장 큰 이익을 잃는 것이니라. 그러므로 마땅히 모든 부처님의 위없는 지혜 공덕을 분명히 믿어야 하느니라."

비록 염불행을 하더라도 아미타 부처님의 지혜와 공덕을 의심하면 오백 년이란 세월이 지난 후에나 왕생한다는 것이다. 칠흑 같은 구름이 아무리 해를 가리어도, 그 어둠 속에서도 아미타 부처님의 무량한 광명은 언제나 나를 비추고 있다는 사실을 잊지 말고 왕생을 원하고 염불하시라.

찬탄하시는
동방의 부처님들

사리불이여, 내가 지금 아미타불의 한량없는 공덕을 찬탄한 것처럼, 동방에도 아촉비불 · 수미상불 · 대수미불 · 수미광불 · 묘음불이 계신다. 이러한 수없는 부처님들이 각기 그 세계에서 삼천대천세계에 두루 미치도록 진실한 말씀으로 "너희 중생들은 '불가사의한 공덕의 칭찬' '모든 부처님이 한결같이 보호함'이라고 하는 이 법문을 믿으라."고 설법하시느니라.

석가모니 부처님께서 아미타 부처님의 한량없는 공덕을 찬탄하시는 것처럼 동방의 셀 수 없는 부처님도 진실한 말씀이 시방세계에 미치도록 삼천대천세계를 덮을 정도의 넓고 긴 혀를 내밀어[出廣長舌相], 아미타불과 극락세계의 불가사의한 공덕을 칭찬하며 모든 부처님이 한결같이 보호하는 이『아미타경』을 믿을 것을 설하신다고 하며 거듭 염불을 당부하신다.

여기서부터 석가모니 부처님은 동·남·서·북·하·상 육방六方의 부처님들을 호명하며 아미타불과 극락세계를 믿게 하려고 자비심을 보이신다. 육방은 곧 시방세계, 우주 전체를 뜻한다. 우주 전체의 모든 부처님이 찬탄하고 보호하며 권하시는 경이 바로『아미타경』이라는 말씀이다. 부처님께서 우리들에게 아미타 부처님과 극락세계가 있음을 얼마나 믿게 하고 싶으셨으면 육방의 부처님 명호를 모두 호명하며 거듭거듭 강조하겠는가.

『아미타경』을 설하시던 당시만 해도 사람들은 인과에 따라 내세에 육도윤회한다는 정도만 알고 있었다. 그래서 아미타 부처님이 주재하시는 즐거움의 극치인 극락세계라는 곳이 있고, 또 그 세계는 모든 불보살이 가기를 바라며 누구든 그곳에 갈 수 있다는 이 법문은 어디서도 들어보지 못했기 때문에 가히 충격적이었을 것이다. 믿기 어려운 난신지법難信之法을 제자들이 묻지도 않았는데 부처님 스스로 말씀하셨으니 듣고 있는 신심 깊은 제자들과 천인, 보살 등 아미타 회상은 환희로 가득했을 것이다.

우리는 부처님께서 육방의 부처님들을 모두 모셔서 대중의 신심을 고양시키려고 하셨던 마음을 잘 알고, 그 거룩한 대자비심을 가슴에 새겨야 한다. 우리가 숨을 거두고 이 생을 하직할 때까지, 하직한 후라도 그 자비심에 대한 은혜를 잊어서는 안 된다.

육방의 부처님들께서는 부처님의 진실한 말씀을 증명하고자 긴 혀를 내보이시는 '설상舌相'까지 보이신다. 원효 스님도 『유심안락도』에 이런 말을 남겨 우리의 믿음을 거듭 강조하셨다.

"이와 같이 발심하여 절대로 의심이 없으면 극락에 왕생할 일을 닦는 일도 어렵지 않을 것이다. 죄업이 비록 많지만 아침 햇살에 어두운 세계가 없어지는 것보다 빠르며, 악취惡趣가 비록 막혔다 하더라도 왕명으로 옥문을 여는 것보다 더욱 투명하게 트일 것이다. 다만 헛되이 수고만 하는 학도學徒나, 한 군데만 집착하는 행자가 삼천대천세계를 뒤덮을 만한 설상으로 간절하게 이르신 말씀을 의심하고, 어리석은 마음으로 마치 우물 안 개구리처럼 왜곡된 말만 믿는다면 어찌 이것이 돌을 보배라 하며 상자에 감춰 두고 보배 구슬을 보배 아니라 의심하는 것과 같지 않는가. 슬프고 애석한 일이다."

걷거나 머물거나 앉거나 눕거나 밤낮없이 부지런히 염불하면 반드시 좋은 일이 있으리니 이 성현의 당부가 과연 누구를 위한 불사佛事인가!

찬탄하시는
남방의 부처님들

사리불이여, 남방세계에도 일월등불·명문광불·대
염견불·수미등불·무량정진불이 계신다. 이러한
수없는 부처님들이 각기 그 세계에서 삼천대천세계
를 두루 미치도록 진실한 말씀으로 "너희 중생들은
'불가사의한 공덕의 칭찬' '모든 부처님이 한결같이
보호함'이라고 하는 이 법문을 믿으라."고 설법하시
느니라.

———

경의 서두에서 부처님은 서쪽으로 십만억 불국토를 지나

가면 극락세계가 있다고 하셨다. 십만억 불국토를 지난다 했으니 시방삼세에는 부처님들께서 주재하시는 헤아릴 수 없는 불국토가 있다는 말이다.

동방세계와 마찬가지로 남방세계 불국토에도 갠지스 강의 모래알처럼 많은 부처님이 계시는데 그분들이 모두 삼천대천세계에 두루 미칠 진실한 말씀으로 아미타 부처님의 불가사의한 공덕을 칭찬하며 한결같이 보호하는 『아미타경』을 믿으라고 거듭 당부하신다.

각 불국토의 부처님들께서는 시방세계에 두루 미칠 진실한 말씀을 하시면서 출광장설상_{出廣長舌相}, 즉 넓고 긴 혀를 내어 세계를 덮는데 이는 부처님들께서 진실한 말씀을 의심하지 않고 곧바로 믿게 하시려는 대자비심을 보이신 부분이다.

단 한 명의 중생이라도 믿게 하시려는 마음. 그 자비로운 마음이 부처님 마음이다. 윤회를 하든 말든, 지옥에 가든 말든 나는 말해 주었으니 내가 할 도리는 다했다는 식이 아니라 끝까지 정성을 다해 한 명의 중생이라도 더 건지시려는 그 마음이 부처님 마음이다. 그렇기 때문에 석가모니 부처님 당신뿐 아니라 시방세계 모든 부처님께서도 『아미타경』을 보호하고 찬탄하신다고 말씀하신다.

눈으로 보지 못하는 것은 믿지 않는 우리들의 한계를 잘 아시는 부처님이기에 어떻게든 믿게 하시려는 것이다. 이 세상에는 석가모니 부처님 외에도 이미 수많은 부처님이 출현하시어 미혹한 중생을 일깨우려 하셨다. 그러나 그때마다 사람들은 관념의 상에 갇혀 진리를 말해 주어도 귀를 닫고 자신의 견해에 안주하려는 중생심으로 때로는 비난하고 시기하며 진리를 외면했다. 그렇게 관념의 틀에 갇혀 진리를 멀리했다가도 시간이 지나면 다시 또 목말라 성인을 찾는 업을 지금도 반복하고 있다.

그들에게 불보살님이 단체로 찾아와 한꺼번에 말씀해 주신다 해도 구제는 어렵다. 자신의 눈높이에서 자신의 세계에 집착해 바라보다 보니 성인의 눈으로 바라본 불가사의한 가르침을 받아들일 수 없다. 아무리 선지식이 상에 집착하지 않고 흔들림 없는 '불취어상 여여부동不取於相 如如不動'한 진리를 설해도 믿지 않으면 윤회를 벗어날 길은 막막하다.

안眼·이耳·비鼻·설舌·신身·의意에 지배당하는 우리의 관념은 참으로 취약하다. 부처님께서는 세상 사람들이 귀하다며 탐착하는 칠보를 들어 보이시며 '극락세계가 칠보로 장엄되어 있다.'고 하셨지만 우리는 기껏해야 우리가 아는 금은보배의 아름다움 정도로만 생각할 수 있다. 우리의 생각을 뛰어넘을 정도로 눈부시게 찬란한 극락정토는 가늠조차 할 수 없다. 그렇기 때문에 우리는 부처님들께서 강조하신 관념을 떠난 불가사의한 말씀을 부처님 믿듯이 오로지 믿어야 한다.

찬탄하시는
서방의 부처님들

사리불이여, 서방세계에도 무량수불 · 무량상불 ·
무량당불 · 대광불 · 대명불 · 보상불 · 정광불이 계
신다. 이러한 수없는 부처님들이 각기 그 세계에서
삼천대천세계를 두루 미치도록 진실한 말씀으로 "너
희 중생들은 '불가사의한 공덕의 칭찬' '모든 부처님
이 한결같이 보호함'이라고 하는 이 법문을 믿으라."
고 설법하시느니라.

―――

석가모니 부처님께서 아미타 부처님의 한량없는 공덕을

찬탄하시는 것처럼 서방의 가없는 부처님도 삼천대천세계를 덮을 정도의 넓고 긴 혀를 내밀어 '출광장설상'을 보이시며, 아미타불과 극락세계의 불가사의한 공덕을 칭찬하며 모든 부처님이 한결같이 보호하고 지니시는 이 『아미타경』을 믿어야 한다고 설하신다.

앞서 소납은 우리들을 지배하는 관념의 한계에 대해 말씀드렸다. 이 관념은 눈에 보이는 물질세계에만 국한하지 않는다. 우리는 어떤 대상을 보고 좋다, 더럽다, 나쁘다, 싫다고 분별하지만 부처님께서 설하신 세계에 대해서도 전도된 관념으로 바라본다.

부처님께서 공空이라는 개념을 들어 보이실 때도 우리는 온전하게 공의 세계 속에서 바라보지 못하고 공이 아닌 비공非空의 세계에서 공을 생각하기 쉽다. 중도中道를 설하실 때도 이것도 저것도 아닌 경계를 생각할 뿐 참된 가르침인 중도의 실상을 놓치기 쉽다.

관념의 한계 속에 갇혀 있는 한 우리가 아무리 부처님의 진리 아래 가장 가까이 있다고 해도 십만 팔천 리나 멀리 떨어져 있는 줄 알아야 한다. 자신이 아무리 경전을 많이 읽고 선지식의 법문을 많이 듣고 있는 불자라 자부한다 해도 관념에 치우쳐 집착하면 불보살님을 만날 수 없다. 관념은 그렇게 무서운 것이다.

불교의 전체는 관념을 혁파하는 가르침이다. 선 수행만 하더라도 1,700 공안이 모두 관념을 혁파하는 작업이다. '부모미생전父母未生前', 한 생각이 번뜩이기 전 거기를 관통하라는 가르침이다. 그런데 혹자는 그 화두를 읊조리기에 급급하다. 그것은 망상이요, 집착이 아닌가.

염불도 마찬가지다. 부처님을 부르라고 했다고 입으로 부처님 명호만 외우면 무슨 소용이겠는가. 마음을 다해 지극정성으로 부처님의 명호를 가슴에 품고 부처님을 한 번 부를 때마다 부처님 한 분을 시방세계에 모신다는 생각으로 지극하게 모셔야 한다.

시방세계 부처님들께서 삼천대천세계를 다 덮을 정도로 넓고 긴 혀를 내보이시며 설하시는 것도 우주 방방곡곡 그 어디에라도 진리가 닿지 않는 곳이 없도록 진리를 설파하는 원력이듯이 내가 한 번 '나무아미타불'을 외울 때 아미타 부처님 한 분이 세상에 출현하시고 또 한 번 부르면 또 아미타 부처님께서 세상에 출현하시어 전 우주를 뒤덮도록 하겠다는 마음으로, 부처님을 시방세계에 모시는 불사라 생각하고 환희로운 마음으로 '나무아미타불'을 외워야 한다.

그렇게 부르다 보면 나도 부처님도 하나가 되고 궁극에는 부처님도 없고 나도 없는 불국토가 된다. 모든 관념으로부터 해방된다. 그래야 세속의 황금빛이 아니라 진정한 극락세계의 황금빛을 볼 수 있을 것이다.

찬탄하시는
북방의 부처님들

사리불이여, 북방세계에도 염견불·최승음불·난저
불·일생불·망명불이 계신다. 이러한 수없는 부처
님들이 각기 그 세계에서 삼천대천세계를 두루 미치
도록 진실한 말씀으로 "너희 중생들은 '불가사의한
공덕의 칭찬' '모든 부처님이 한결같이 보호함'이라
고 하는 이 법문을 믿으라."고 설법하시느니라.

―――

석가모니 부처님께서 아미타 부처님의 한량없는 공덕을
찬탄하시는 것처럼 북방의 셀 수 없는 부처님들도 삼천대천세계에 두루 미치도록 진실 되게 아미타불과 극락세계의 불가사의한 공덕을 칭찬하며 모든 부처님이 한결같이 보호하는 이 『아미타경』을 믿으라고 다시 거듭 당부하신다.

'마음이 부처'라고 한다. 모든 세상을 만들어 내는 여러분의 위대한 마음을 보라. 우리 마음은 그 어떤 물질로도 표현할 수 없다. 그래서 『반야심경』에서는 '크다, 밝다, 하나다' 등의 뜻을 담아 '마하'라고 하였다. 극락세계 또한 그 어떤 세상의 표현으로도 그려 낼 수 없다. 불가사의한 아미타 부처님의 세계를 어떻게 표현한단 말인가. 그렇지만 눈에 보이지 않는 우리의 마음이 있듯, 서쪽으로 십만억 불국토를 지나면 극락세계가 있다는 부처님 말씀을 믿지 않을 수 없다. 그것도 석가모니 부처님께서 누구의 질문도 없었지만 꼭 일러주어야겠다는 자비심으로 특별히 설하신 말씀이 아닌가.

석가모니 부처님이 스승이요, 선지식이셨듯이 아미타 부처님도 중생을 바른 길로 안내하는 우리들의 스승이면서, 선지식이다. 이 부처님의 크신 원력과 가르침을 따라 역대 수많은 보살과 조사가 염불행을 닦으셨다. 관세음보살, 대세지보살, 문수보살, 보현보살이 모두 염불 수행으로 극락세계에 나기를 발원했고, 인도의 마명, 용수, 세친 보살을 비롯해 중국의 수많은 선사, 우리나라의 역대 고승이 모두 이 염불을 의지했다.

그런데도 시방세계 모든 부처님께서 보호하시고 칭찬하시

는 이 염불법을 믿지 못하고 심지어 비방하고 폄하하는 사람들이 이 땅에 있다는 사실이 참으로 놀랍고, 안타깝다.

『대방광불화엄경』「입법계품」에서 법을 구해 떠난 선재동자가 처음 만난 덕운 비구가 설해 준 법이 바로 염불법이다. 그리고 마지막 보현보살은 열 가지 대원을 통해 육방의 부처님들이 호념하고 칭찬하듯이 자신도 부처님 모시기를 서원한다.

보현보살께서 극락으로 이끄시는 열 가지 서원도 모두『아미타경』에 설해진 극락세계 사람들의 실천행이다. 가없는 법계의 수많은 부처님을 눈앞에서 뵙는 듯이 깊이 믿고, 한량없는 몸을 나투어 모두 다 빠짐없이 예경하며, 그 공덕을 미래겁이 다하도록 찬탄하고, 보리도와 보살행으로 시방삼세 부처님께 공양 올리고, 허공 같은 허물을 참회하고 청정한 계행을 가지며, 오랜 세월 닦으신 부처님 공덕뿐 아니라 이웃의 털끝만 한 선근까지도 쉬지 않고 기뻐하며, 불가사의한 법의 바퀴 굴리시기를 청하고, 부처님과 보살들과 모든 선지식이 열반에 들지 말고 오래 계시기를 또한 청하며, 무량겁을 닦으신 부처님처럼 빠짐없이 배우고, 모든 중생 섬기기를 부처님같이 하며, 이 모든 공덕을 다시 돌려주되 지은 죄는 모두 내가 받겠다는 큰 서원이다.

이런 원력 수행이 염불행인데 어찌 믿고 따르지 않겠는가.

찬탄하시는
하방의 부처님들

사리불이여, 하방세계에도 사자불 · 명문불 · 명광
불 · 달마불 · 법당불 · 지법불이 계신다. 이러한 수
없는 부처님들이 각기 그 세계에서 삼천대천세계를
두루 미치도록 진실한 말씀으로 "너희 중생들은 '불
가사의한 공덕의 칭찬' '모든 부처님이 한결같이 보
호함'이라고 하는 이 법문을 믿으라."고 설법하시느
니라.

───

석가모니 부처님께서 아미타 부처님의 한량없는 공덕을

찬탄하시는 것처럼 하방의 셀 수 없는 부처님들도 삼천대천세계에 두루 미치도록, 아미타불과 극락세계의 불가사의한 공덕을 칭찬하며 모든 부처님들이 한결같이 보호하는 이 『아미타경』을 믿으라고 진실한 말씀으로 거듭 당부하신다.

부처님들께서 왜 『아미타경』의 불가사의한 공덕을 칭찬하며 한결같이 보호하시는지 이제 여러분은 잘 아실 것이다.

염불은 극락에 왕생해 부처가 되고, 마침내 윤회하지 않는 결정적 수행이기 때문이다. 시방세계 부처님은 언제 어느 곳에서나 모든 중생에게 '윤회하지 않는 길을 일러주시는 선지식'이기 때문에 그 길을 알려 주는 『아미타경』을 보호하고 찬탄하시는 것이다.

염불은 한 부처님만이 찬탄하는 법이 아니라 모든 부처님께서 찬탄하시는 성불의 길이다. 따라서 극락세계 왕생을 바라는 사람은 잠시의 쾌락에 도취돼 영원한 즐거움을 버리는 어리석음을 범해서는 안 된다. 혹자는 '마음이 즐거우면 그곳이 곧 극락이지 극락이 별것이냐.'고 한다. 그렇다면 그 즐거움은 영원한 즐거움인가? 한 방울의 꿀과 같은 쾌감에 지나지 않는다.

그렇기 때문에 여구두연如救頭燃, 머리 위에 화로를 이고 있는 사람처럼 염불에 시급히, 그리고 적극적으로 나서야 한다. 이 염불에는 상근기도, 중근기도, 하근기도 없다. 오로지 혼탁하고 죄업으로 가득 찬 사바세계에 대해 애착하는 마음을 끊고

혐오하는 마음을 지니는 일이 첫 번째 할 일이다. 그리고 다시는 이곳에 나지 않고 불보살 성중이 계시는 극락에 나리라는 발원으로 부처님을 염하고 부르되 청정한 계를 따르고, 탐내고 화내고 어리석은 마음으로부터 자신을 지키려는 노력을 실천에 옮겨야 한다.

그렇게만 한다면 여러분의 삶에 구름은 걷히고 눈부신 광명이 비칠 것이다. 여러분의 삶에 흐린 날보다 맑은 날이 많으면 많을수록 점점 왕성한 염불 수행의 힘을 받을 것이다. 마치 초목이 햇빛을 받아 꽃을 피우고 열매를 맺는 것처럼 여러분의 삶이 광명과 생명을 향해 전진할 때, 아미타 부처님과 관세음보살님, 대세지보살님을 비롯한 성중이 함께할 것이다.

내가 한 번 아미타 부처님을 부르면 극락세계가 한 번 열리고, 두 번 부르면 극락세계가 두 번 열리고, 그렇게 열 번, 백 번, 천 번, 만 번을 부르면 열, 백, 천, 만의 아미타 부처님이 출현하고, 극락국토가 건설된다고 생각해 보라. 얼마나 환희로운 염불인가.

그렇게 끝없이 이어서 임종할 때까지 나의 가슴과 머리와 입과 전신의 세포를 통해 아미타 부처님을 계속 모시고 극락을 이루어 나가면 생각이 뒤바뀌는 일이 없이 아미타 부처님을 뵙고 여여如如하고 부동不動한 그대로 극락에 왕생할 것이다.

찬탄하시는
상방의 부처님들

사리불이여, 상방세계에도 범음불·숙왕불·향상
불·향광불·대염견불·잡색보화엄신불·사라수왕
불·보화덕불·견일체의불·여수미산불이 계신다.
이러한 수없는 부처님들이 각기 그 세계에서 삼천대
천세계를 두루 미치도록 진실한 말씀으로 "너희 중
생들은 '불가사의한 공덕의 칭찬' '모든 부처님이 한
결같이 보호함'이라고 하는 이 법문을 믿으라."고 설
법하시느니라.

───

상방의 셀 수 없는 부처님들도 아미타불과 극락세계의 불가사의한 공덕을 칭찬하며 모든 부처님이 한결같이 보호하니 이 『아미타경』을 믿으라고 다시 거듭 당부하신다.

석가모니 부처님께서는 상방의 부처님을 마지막으로 육방의 무수한 부처님들께서 넓고 긴 혀를 내보이시며 『아미타경』을 믿고 보호하시는 바를 증명하셨다고 강조하셨다. 이렇게 모든 부처님을 모시고 거듭 믿으라고 당부하신 경을 본 적이 있는가.

다시 한 번 강조하지만 여러분은 부처님이 되기 위해 염불해야 한다. 여러분이 따르는 선지식들과 여러 보살님도 모두 성불하기 위해 염불하셨다. 그분들은 성불하기 위해 결코 염불·염법·염승에서 떠난 적이 없다.

따라서 여러분도 부처님을 생각하는 마음으로 염불해야 하고, 부처님의 법을 생각하는 마음으로 자신을 돌아보고 참회하며 계를 지키고, 삼독심을 끊으려고 염불해야 한다. 그리고 진리를 위해 물러서지 않는 청정한 승단을 생각하는 마음으로 염불해야 한다.

이렇게 생각하는 것이 또한 관법觀法이다. 염불·염법·염승에서 물러서지 않고 구경에 극락왕생하도록 이끄시고자 부처님께서 설하신 열여섯 가지 관법이 『관무량수경』에 설해져 있다. 여러분은 "만약 모습에 의해서 나를 보려 하거나 음성에 의해서 나를 찾으려 한다면 여래는 볼 수가 없느니라."라고 한

『금강경』의 말씀을 잘 헤아려 볼 필요가 있다.

부처님께서 소리나 모습으로 부처님을 찾지 말라 하셨다고 입으로 염불도 하지 않고, 부처님 생각도 하지 않겠다면, 그렇게 해서 시시각각 날아드는 낱낱 번뇌로부터 완전히 자유자재할 수 있다면 그렇게 하시라. 그렇게 해서 나는 일상의 크고 작은 번뇌 망상으로부터 자유로울 수 있는가. 부처님께서 소리나 형상에 의해 나를 찾지 말라 하신 뜻은 소리나 형상뿐 아니라 모든 경계에 머물러서는 나를 볼 수 없다는 뜻이다. 소리나 형상에 머물러 있으면 번뇌가 떠나지 않는데 어떻게 부처님을 만날 것인가. 그렇지만 지극한 신심에 의지하면 번뇌도 사라진다.

멀리 떨어진 자식과 부모가 서로 그리듯 부처님을 간절히 생각하고 불러야 한다. 겉으로는 모습이나 음성으로 염불하지만 진실한 염불자는 소리에 머물고 모습에 머물지 않는 지극한 신심으로 염불하므로 아미타 부처님이 곳곳에 나타나신다.

그래서 부처님을 지극히 부르는 신심 염불信心念佛은 점차 번뇌마저 걸림 없이 무심해지는, 각찰覺察도 되고 휴심休心도 되는 수행이다. '나무아미타불' 한 소리에 깨어 있으니 각찰이요, 늘 아미타 부처님의 품에서 몸도 마음도 편안하니 휴심이다. 누구라도 이렇게만 염불하면 어찌 왕생하지 않겠는가!

부처님들이
보호하시다

**사리불이여, 이 경을 가리켜 어째서 모든 부처님들
이 한결같이 보호하는 법문이라 하는 줄 아는가?**

———

앞에서 우주법계의 셀 수 없는 부처님들께서 『아미타경』을
보호한다 하셨는데 석가모니 부처님은 왜 그렇게 보호하신다
하셨을까? 부처님이나 보살님 한 분이 아니라 시방세계의 모
든 불국토에 계시는 부처님들이 모두 보호하신다고 석가모니
부처님께서 말씀하시는 이 부분에서 우리는 나 자신을 한번 돌
아보아야 한다.

위대한 스승 석가모니 부처님은 당신의 불국토인 이 사바세계 중생의 근기를 누구보다 잘 알고 계신다. 허튼 소리로 유혹하는 달콤한 말에는 솔깃하면서 진실한 말은 아무리 해 주어도 믿지 않으려는 사람들, 저 잘났다는 아상에서 헤어나지 못해 귀를 닫고 고집스럽게 자기의 세계에 집착하는 사람들, 정말 골치 아픈 중생이 아닌가. 하지만 이마저도 자애롭게 바라보시는 석가모니 부처님은 이들이 머지않아 곧 겪게 될 말법세상의 처참한 고통을 아셨기에 마지막 한 명까지도 구제하려는 대자비심으로 이 질문을 하시는 것이다.

이 『아미타경』을 설하실 때만 해도 인도에서는 '죽으면 어떻게 되나? 죽음이 없는 곳에 나면 좋을 텐데' 하는 바람으로 사후세계에 대한 두려움만이 가득했을 것이다. 지금도 마찬가지다. 죽음 이후에 대해 아무런 답이 없다고 가정해 보자. 죽음이 그것으로 끝이라면 인과법도 부정하고 아무렇게나 방탕하게 살다가 노년에는 절망과 두려움에 떠는 사형수처럼 죽음을 기다릴 것이다.

이때 부처님께서 이러한 마음을 아시고 정말 시의 적절하게, 아무도 묻지 않았지만 당신 스스로 아미타 부처님이 계시는 즐거움뿐인 세계에 대해 설하신 것이다. 그리고 눈에 보이는 것조차 믿지 못하는 습성에 젖어 있는 중생의 근기를 잘 아셨기 때문에 육방의 모든 부처님께서 가슴으로 보호하신다고 거듭 강조하신 것이다.

그렇게 많은 부처님께서 보호하고 계시니 염불하는 사람은 두려워하거나 걱정할 일이 없다. 우리는 살아가면서 뜻밖에 닥칠 위험에 대비해 여러 가지 보험을 든다. 자동차보험, 생명보험, 산재보험 등등. 여러분이 『아미타경』에 의지해 아미타 부처님을 믿고, 부처님의 명호를 가슴에 모시고 부르는 염불 수행은 마치 '극락왕생보험'에 든 것과 같다.

이 보험은 달마다 보험료를 내지 않아도 된다. 재산이 많거나 적거나, 또 남녀노소 관계없이 누구나 들 수 있다. 언제든 들어 놓기만 하면 다시는 참담한 윤회의 고통에 빠지지 않는다. 보험 가입은 빠르면 빠를수록 더 좋다. 이 신비한 주문 같은 부처님 명호를 아기 때부터 귀에 대고 속삭여 주어도 좋다.

공짜 보험이라고 우습게 보면 안 된다. 이 보험의 혜택은 실로 어마어마하다. 법장 스님의 48대원 중 서른네 번째 문명득인원聞名得忍願에 따라 부처님의 이름을 듣는 것만으로도 나고 죽음에서 벗어나는 무생법인과 깊은 지혜 공덕인 다라니의 힘을 얻을 수 있다. '나무아미타불', 이 신묘한 여섯 자를 주문처럼 부르면 온갖 부처님께서 언제나 그 모습을 나타내어 보호하신다 했다.

깨달음에서
물러나지 않는다

선남자 선여인들이 있어 이 법문을 듣고 받아 지니
거나 부처님의 이름을 들으면, 모든 부처님의 보호
를 받아 바른 깨달음에서 물러나지 않기 때문이다.
그러므로 그대들은 내 말과 여러 부처님의 말씀을
잘 믿어라.

———

『아미타경』 법문을 듣고 받아 지니고 또 아미타 부처님의
이름을 듣기만 하면 셀 수 없는 부처님들께서 보호하시기 때문
에 위없는 바른 깨달음인 아뇩다라삼먁삼보리, 즉 무상정등정

각_{無上正等正覺}에 들게 되니 석가모니 부처님과 여러 부처님의 말씀을 믿어야 한다고 당부하신다.

혹자는 정토 수행이 깨달음의 종교인 불교와는 거리가 멀다고 한다. 그런 사람은 『아미타경』을 다시 한 번 잘 새겨보시라. 이 『아미타경』 법문을 듣고 지니고 독송하면서 아미타 부처님을 칭명 염불하는 사람은 모든 부처님이 보호하고 염려하며 도와주시기에 바른 깨달음에서 물러나지 않는다고 하신 이 부분은 염불만으로는 깨달음에 이르지 못한다고 하는 견해에 대해 부처님께서 직접 그렇지 않다고 일러 주신 장면이다. 염불만 열심히 해도 정각_{正覺}에 도달할 수 있다는 것이다.

일단 염불해서 극락세계에만 가 놓으면 극락세계의 새소리, 바람 소리 등 모든 극락세계의 장엄이 종일 부처님 법문을 하기 때문에, 또 수명이 무량하기 때문에, 또 아미타 부처님의 지혜의 대광명을 입기 때문에 반드시 퇴전하지 않고 구경에는 무상정등정각을 성취한다. 석가모니 부처님을 위시한 육방의 모든 부처님이 보호하시는 것도 이 때문이다. 『아미타경』 법문이 미혹한 우리의 눈을 속이는 삿된 가르침이라면 어찌 시방세계 모든 국토의 부처님께서 보호하시겠는가.

역대 선지식들께서 염불을 중요하게 생각하신 것도 다 이 때문이 아닌가 생각한다. 왕생만 하면 반드시 다음에 성불하는 일생보처보살이 되고, 성불한 후에는 인연 따라 다시 사바세계 중생을 구제하는 원력보살로 돌아올 수도 있으니 역대 선지식들께서 얼마나 현명하신가.

『무량수경』에 보면 "모든 법문을 통달하여 일체가 본래 공_空하고 무아_{無我}임을 깨닫고, 오직 청정한 국토를 구하고자 힘쓰면 반드시 극락정토에 나리라_{通達諸法門 一切空無我 專求淨佛土 必成如是刹}."라는 부처님의 게송이 있다.

역대 선지식들께서 정토를 구한 것도 이와 일맥상통한다. 모든 이치를 꿰뚫어 아신 선지식들은 극락왕생만이 유일한 성불의 길임을 아셨기에 극락을 원했던 것이다. 석가모니 부처님께서도 극락세계를 믿게 하시려고 몇 번이고 반복, 또 반복해서 우리들에게 간절하게 말씀하셨다. 불자가 돼서 이 석가모니 부처님의 자비로운 은혜를 모른다면 어찌 불자라 하겠는가.

스스로 미혹함을 철저히 알고, 이제는 아상_{我相}을 버려야 한다. 평생 불교를 믿었으면서 내가 얻은 게 뭔가. 수많은 법문을 듣고도 나의 참 성품을 보지도 못하고, 임종을 맞아 극락에도 가지 못한다면 도대체 불교를 믿어서 무슨 이익이 있는가. 짧은 교리 지식만 뽐내면서 남에게 머리 한 번 숙일 줄도 모르는 아만에 찬 '나'라면 이제는 갖다 버리자. '나무아미타불!' 여섯 자 부처님 명호를 외우는 일이 시급하다.

두 손을 뚫은
욱면 낭자

사리불이여, 어떤 사람이 아미타불의 세계에 가서
나기를 이미 발원하였거나 지금 발원하거나 혹은
장차 발원한다면, 그는 바른 깨달음에서 물러나지
않고, 그 세계에 벌써 났거나 지금 나거나 혹은 장
차 날 것이다. 그러므로 신심이 있는 선남자 선여인
은 마땅히 극락세계에 가서 나기를 발원해야 할 것
이다.

─────

극락세계에 왕생하고자 과거에 발원한 사람은 이미 왕생

했고, 금생에 발원하는 사람은 임종 후에 곧 왕생할 것이며, 장차 내생에 발원할 사람들은 내생에 극락왕생할 것이라는 말씀이다. 그러므로 누구든 일단 극락에 가겠다는 원을 세우는 일이 무엇보다 중요하다.

이 우주법계에는 극락정토 외에도 무수한 부처님이 주재하시는 불국정토가 있다. 그 정토의 부처님들이 한결같이 발원하시는 바가 극락세계 아미타 부처님을 뵙는 일이다. 이렇게 부처님들처럼 극락왕생을 발원하지 않으면, 아무리 선행을 베풀고 덕이 높은들 다른 국토에는 갈 수 있을지 몰라도 극락에는 나지 못한다. 그렇지 않아도 중생은 나면서부터 탐·진·치 삼독에 얽매인 인연 과보로 속절없이 끌려가게 생겼는데 목적지를 극락세계로 정하지도 않고 어떻게 도달할 수 있겠는가.

나의 의지로 가고자 하는 목적지를 분명하게 극락세계로 정한 연후에 도달하기 위한 방법을 잘 알아서 인연을 닦는 것이 옳다. 목적지가 불분명하면 어디로 갈지 황망하고, 가는데 시행착오도 많아서 수고로울 수밖에 없다.

"제가 극락에 가겠습니다." 하고 먼저 아미타 부처님께 극락행 티켓을 접수해 놓으면 임종 시에 부처님께서 극락성중과 함께 데리러 오시지만, 원하지도 않고 가고자 공덕을 닦지도 않는 무수한 중생을 모두 데려갈 수는 없는 법 아닌가.

『삼국유사』에 노비의 신분이었지만 극락왕생하려고 간절한 원을 세운 한 낭자의 이야기가 있다. 그 간절한 원은 천 년이 지난 지금도 심금을 울린다.

신라 시대 사람들은 의심 많은 요즘 사람들과 달리 부처님 말씀이라면 그대로 받아들였다. 서라벌 땅 미타사彌陀寺에 서방정토로 왕생하려는 사람들이 30년을 기약하고 만일회萬日會를 만들어서 승속 수십 인이 염불 기도하고 있었다.

그중 귀진貴珍이라는 사람의 집에 욱면郁面이라는 노비가 있었는데, 그녀는 주인을 따라 절에 가면 법당에는 들어가지 못하고 항상 마당에 서서 염불했다. 주인은 그게 못마땅했다. 그래서 곡식 두 섬을 하룻저녁에 다 찧게 했지만, 욱면은 초저녁에 다 끝내고는 절로 달려가 염불했다. 염불하고자 하는 의지가 얼마나 간절했던지 그녀는 졸음을 쫓기 위해 말뚝을 양쪽에 세우고 두 손바닥을 뚫어서 노끈으로 꿰어 말뚝에 맨 뒤 합장하고 염불했다 한다.

그렇게 간절하게 원하자 공중에서 "욱면 낭자는 법당에 들어가서 염불하라." 하는 소리가 들려 왔다. 그 소리에 대중이 놀라 욱면을 법당에서 기도하도록 했는데, 얼마 후 서쪽으로부터 천상의 음악이 들려오더니 욱면의 몸이 솟구쳐 올라 법당의 대들보를 뚫고 날아갔다. 그렇게 날아간 욱면은 서쪽 교외에 이르러 육신을 버리고 진신眞身이 연화대에 앉아 큰 광명을 비추면서 천천히 서쪽을 향해 날아갔다. 간절한 발원만 있다면 이미 극락세계에 왕생한 것과 같다는 부처님 말씀대로 이룬 것이다.

석가모니 부처님의
불가사의한 공덕

사리불이여, 내가 지금 여러 부처님의 불가사의한 공덕을 칭찬하듯이, 저 부처님들도 또한 "석가모니 부처님이 어렵고 희유한 일을 하셨다. 시대가 흐리고, 견해가 흐리고, 번뇌가 흐리고, 중생이 흐리고, 생명이 흐린 사바세계의 오탁악세에서 바른 깨달음을 얻고 중생들을 위해 세상에서 믿기 어려운 법을 설한다."고 나의 불가사의한 공덕을 칭찬하시느니라.

———

부처님께서 일체중생에게 설하신 '믿기 어려운 법'이란 삼악도가 없는 무량한 생명의 땅, 극락세계의 존재와 장엄, 마흔여덟 가지의 큰 원력이 빛나는 무량한 광명으로 낱낱의 중생까지 구하시려는 아미타 부처님이 계신다는 법문이다. 이 법문을 설하는 것은 부처님의 입장에서도 쉬운 일이 아니었을 것이다.

고통으로 점철된 사바에 살면서도 그 고통에 길들여져 빠져나올 생각은 하지 않고 그야말로 잠시 잠깐의 쾌락에 젖어 살면서 눈에 보이는 것만 믿으려는 사람들, 살면서 숨이 넘어가는 사람을 무수히 보면서도 자기 자신의 무상함을 잊고 사는 사람들이 과연 이 법문을 의심하지 않고 들을 것인가.

마치 그물 속에 갇힌 고기가 그물 안 물이 흐르는 물인 줄 착각해 잠시 벗어났다가 다시 걸리는 것처럼 갠지스 강의 모래알 같은 수많은 겁이 지나도록 미혹해서 다시 그물에 걸리기를 반복하는 중생인데 괜한 말을 하는 건 아닌가 하는 생각도 드셨을 것이다.

뿐만 아니라 이 사바세계는 오탁악세*의 말법 시대에 놓여 있다. 우리가 사는 이 말법 시대에는 불교의 가르침만 있을 뿐, 논란과 쟁송이 난무해 수행과 깨달음은 이루어지지 않는다고 했다. 우리가 사는 세상을 한번 보라. 기근과 전염병, 전쟁, 환경오염 등으로 혼탁한 겁탁劫濁의 시대, 사람들의 마음이 탐욕과 분노, 어리석음에 물들어 있는 번뇌탁煩惱濁의 시대,

자비심慈悲心과 함께 기쁨을 나누는 수희심隨喜心과 평정심平靜心이 점점 옅어지는 중생탁衆生濁의 시대, 종교계·교육계·학계 등 시대를 선구해야 할 지도층의 정신적 견해가 혼탁한 견탁見濁의 시대, 이와 같이 정신과 물질, 사람이 모두 혼탁하니 아무리 과학이 발달하고 의술이 뛰어나다 해도 인간의 수명은 점점 짧아지는 명탁命濁의 시대에 처해 있다.

희망이라곤 찾아볼 수 없을 것 같은 절망적인 이 땅에서 아눅다라삼막삼보리를 증득하신 분이 석가모니 부처님이다. 부처님은 초인超人이다. 인간의 한계를 극복하신 분이다.

부처님 당신은 그렇게 고통 없는 세상으로 나아가셨지만

• 『대방등대집경(大方等大集經)』권55에서는 "부처님 열반 후 오백 년 동안에는 모든 수행자들이 불법에서 해탈이 견고할 것이요, 다음 오백 년에는 부처님의 정법에서 선정삼매가 견고할 것이요, 다음 오백 년에는 부처님의 정법에서 독송다문(讀誦多聞)이 견고할 것이요, 다음 오백 년에는 탑과 절을 짓는 일이 견고할 것이다. 그러나 다음 오백 년에는 논란과 쟁송이 난무하고 백법(白法)이 사라지고 손실되는 일만 치성할 것이다."라고 했다. 지금 시대가 다섯 번째 오백 년에 해당한다. 『법화경(法華經)』은 「방편품」과 「안락행품」 등에서 이 시대를 악세, 탁세, 말법, 말세 등으로 표현하고 있다. 그 상태를 다섯으로 칭한 오탁악세(五濁惡世)는 다음과 같다. ①겁탁(劫濁): 이 시대는 기근과 질병과 전쟁으로 오염되어 있다. 시대를 화택(火宅)에 비유. ②번뇌탁(煩惱濁): 인간들의 마음이 탐진치(貪瞋癡, 탐욕, 분노, 어리석음)로 물들어 있다. ③중생탁(衆生濁): 인간들의 자질에 자비심(慈悲心), 수희심(隨喜心), 평정심(平靜心)이 없다. ④견탁(見濁): 중생 중에서도 종교인, 교육자, 학자와 같은 정신적 지도자들의 견해가 탁하다. ⑤명탁(命濁): 인간의 목숨이 짧으며 그 목숨마저 늙음과 병 등으로 물들어 있다.

히말라야 산정에 올라 아래를 내려다보며 아비규환 속에서 꼬물꼬물 끝없이 서로 다투면서 그곳을 벗어나려는 노력도 하지 않고 세월만 보내다가 다시 윤회를 거듭하게 될 사람들의 처참한 미래를 측은하게 생각하셨을 것이다.

어떻게 이 중생을 구제할 것인가. 구제는 불보살의 대원이 아닌가. 우주법계에 가득 차고도 남을 자비심을 갖춘 부처님께서는 믿기 어렵겠지만 그래도 믿을 만한 인연 중생을 생각해 마지막으로 팔만사천 법문을 다 포섭할 단 하나의 간단명료하며 불가사의한 법비를 내리셨으니 바로 나무아미타불의 염불 공덕이다. 모든 부처님께서 석가모니 부처님을 찬탄하시는 까닭이다.

믿기 어려운
법을 설하다

사리불이여, 내가 이 오탁악세에서 갖은 고생 끝에
바른 깨달음을 얻고, 모든 세상을 위해 믿기 어려운
법을 설하는 것은 결코 쉬운 일이 아님을 알아라.

———

『육도집경』에 우리를 돌아보게 하는 비유가 있다.

옛날에 오백 마리의 비둘기를 거느린 비둘기 왕이 있었다.
어느 날 비둘기 왕을 포함한 비둘기 무리가 국왕의 동산에서
먹을 것을 찾아다니며 즐겁게 놀고 있었는데, 이 사실을 안 국
왕이 그물을 쳐서 비둘기를 모두 잡아 들였다. 국왕은 잡은 비

둘기들을 큰 새장에 가두어 놓고 모이를 먹여 살이 오르면 요리해 먹으려고 했다. 이에 비둘기 왕은 침착하게 비둘기들에게 말했다.

"탐욕으로 영화를 누리는 것은 마치 굶주린 사람이 독약을 마시는 것과 같다. 만족은 순간에 불과하고 결국은 비참한 죽음을 면치 못한다. 이제 너희들이 먹을 것을 탐하지 않는다면 이 새장을 탈출해 목숨을 구할 수 있다."

그러나 다른 비둘기들은 말을 듣지 않았다.

"이왕 이렇게 잡힌 몸 별수 있습니까? 배불리 먹고 편히 지내렵니다."

비둘기들은 비둘기 왕의 말을 듣지 않았다. 먹이를 구하려고 애써 날아다니지 않아도 되었고 때가 되면 꼬박꼬박 모이를 넣어 주니 감지덕지였다. 하루 이틀 지나면서 비둘기들은 새장 속의 삶에 길들여져 갔다. 숲속과 창공을 힘차게 날아다니면서 자유롭게 살던 시절은 까맣게 잊었다. 비둘기들은 모이를 주는 대로 받아먹었고 살이 통통하게 올랐다. 이제 더 바랄 것이 없었다.

그러나 비둘기 왕만은 모이를 전혀 먹지 않고 지냈다. 그렇게 해서 몸은 점점 바싹 말라갔다. 그런 비둘기 왕을 다른 비둘기들이 비웃었지만 비둘기 왕의 결심은 변하지 않았다. 결국 야윈 비둘기 왕은 새장의 그물 틈으로 빠져나올 수 있었지만 다른 비둘기들은 왕궁의 요리사 손에 하나둘 잡혀 나갔다.

이 비둘기처럼 탐욕스럽고 어리석기 짝이 없는 존재가 누구인가. 부처님은 우리들이 이런 존재임을 아셨기에 측은하게 보셨을 것이다. 그래서 어려운 결정을 하셨다.

"그래도 인연이 닿는 최후의 1인이라도 있어 이 믿기 어려운 법문을 듣고 극락왕생할 수 있다면 설하리라."

최후의 한 사람이라도 고통에서 구하려는 대자비심으로 먼저 지혜로운 사리불을 위시한 제자들 앞에 믿기 어려운 법문을 설하신 것이다.

억겁 동안 망망대해를 떠돌던 눈 먼 거북이가 구멍 난 판자를 만나 그 구멍에 머리를 디밀고 잠시 쉴 수 있을 정도의 인연이 바로 우리들이다. 억겁을 지옥을 거쳐 미물, 곤충 등 축생의 몸을 받았다가 겨우 인간의 몸을 받았고, 다행히 부처님을 만난 것도 천재일우의 인연인데 거기다가 부처님께서 특별히 베푸신 불가사의한 염불법을 만났으니 우리는 정말 복 받은 사람이다. 이 만나기 어려운 소중한 인연을 허투루 생각하지 말고 일구一句, 나무아미타불 여섯 자 염불만으로도 능히 일체 만법에 두루 통할 수 있으니 아무리 내가 둔한들 무슨 허물인가. 극락에만 갈 수 있다면 하품하생인들 어떠리. 나무아미타불!

기쁜 마음으로
회향하다

부처님께서 이 경을 말씀하시니, 사리불과 비구들과
모든 세간의 천인 아수라들도 부처님의 말씀을 듣고
기뻐하면서 예배하고 물러갔다.

———

『아미타경』을 다 설해 마치시자 대중이 환희신수歡喜信受,
기뻐하면서 믿고 단단히 지니고자 다짐하며 예배드리는 장면
이다. 말세에 모든 법이 사라져 용궁으로 흘러 들어가도 특별
히 이 경전만은 백 년간 세상에 머물며 중생을 극락으로 왕생
시킨다니 이 특별한 법문을 들은 환희는 우리들이 세속적으로

좋은 일을 당해 느끼는 즐거움 정도의 기쁨이 아니다.

미혹을 끊어서 얻는 기쁨이다. 그 기쁨은 천길 어두운 물 속에 있다가 수면으로 올라왔을 때의 기쁨이다. 아무도 걸음 하지 않은 태초의 동굴에서 한 줄기 빛을 만난 기쁨이다. 그래서 그 기쁨의 정도도 남다르다. 환희용약歡喜踊躍한다. 기뻐서 어쩔 줄 몰라 저절로 뛰고 춤추고 눈물을 흘리면서 좋아하는 기쁨이다.

『화엄경』「십지품+地品」에서는 보살이 일체의 지혜를 갖추는 수행의 경지를 열 단계로 설명한다. 그 첫 단계가 환희지歡喜地이다. 이 경지는 미혹을 끊어서 기쁨에 넘치는 지위로, 크고 큰 환희심을 내는 경지이다. 이 환희지로부터 보살이 자비의 대서원을 내어 이구지, 발광지, 염혜지, 난승지, 현전지, 원행지, 부동지, 선혜지로 점점 깊어지면 마지막 제10 법운지에 이르러 모든 여래의 법비를 받는다고 금강장보살이 말씀하셨다.

이 경지는 부처님과 보살들의 마음을 염함으로써 생기는 종교적인 환희심이다. 부처님과 듣고 있는 자의 마음이 하나로 일치하는 계합契合의 순간이다. 따라서 「십지품」에서는, "모든 세간의 경계를 점점 여의므로 환희하고, 모든 부처님을 친근하므로 환희하고, 범부의 처지를 여의었으므로 환희하고, 지혜의 자리에 가까워지므로 환희하고, 모든 나쁜 갈래를 아주 끊었으므로 환희하고, 일체중생의 의지할 곳이 되므로 환희하고, 일체 여래를 뵙게 돼 환희하고, 부처님의 경계에 났으므로 환희하고, 일체 보살의 평등한 성품에 들어갔으므로 환희하고, 온갖 무섭고 털이 곤두서는 일을 여의었으므로 환희하느니라." 했다.

큰 환희심이 일어나면 간절한 마음으로 물러서지 않는 불퇴보리심이 되고, 어떤 삿된 유혹에도 흔들리지 않는 결정심決定心이 일어나기 때문에 세상에 두려울 것이 없다. 내 몸이 무너질 두려움이 없고, 따라서 죽음에 대한 두려움도 없다. 윤회해서 나쁜 곳에 날 두려움에서도 벗어난다. 부처님 법 안에 드니 모든 두려움을 여읠 수 있다. 또한 마음이 전도망상에 빠지지 않고 염불삼매에 들어가서 아미타 부처님과 성중의 인도로 곧바로 극락에 나서 구경에는 성불로 나아가게 되는 것이다.

이제 마지막으로 말씀드린다. 극락은 업장을 소멸하지 않고 지닌 채로도 갈 수 있는 성불도량이다. 극락에 가고 싶다면 이 순간부터 '나무아미타불'을 떠올리고 읊조리고 가슴에 모시고 사시라. 그래서 남은 생 동안에는 당당하게, 그리고 행복하게 두려움 없이 살다가 임종 시에는 극락성중 따라 미소 지으며 서방으로 가시라. 나무아미타불!

염불의 3자량
믿음, 발원, 수행

염불행을 닦으려면 갖추어야 할 세 가지 자량資糧이 있으니 바로 신信·원願·행行이다. 자량은 밑천과 양식이다. 무슨 사업을 하려고 해도 자본이 있어야 하고 목적을 이루기까지 양식이 있어야 하듯이 염불을 통해 극락에 왕생하려는 사람에게도 세 가지 자량이 반드시 필요하다.

첫 번째 자량은 절대적인 믿음[信]이다. 염불행자는 석가모니 부처님이 『아미타경』에서 설하신 믿기 어려운 법을 믿어야 한다. 그 가운데 무엇보다 극락세계가 있음을 의심하지 말고 믿어야 한다.

극락세계는 아미타 부처님의 본원력에 의해 성불할 수 있는 완벽한 조건을 갖추어 놓은 곳이다. 누구나 이곳에 태어나기만 하면 성불은 보장된다. 그러므로 불자들은 유한한 천상에 나기를 바라지 말고 오로지 삼독과 윤회가 없는 영원한 극락에 왕생하여 좋은 환경 속에서 성불하기를 원해야 한다. 그 방편이 염불이다.

억겁 무명無明도 염불로 무너져 내리고 팔만사천 법문도 일구, 나무아미타불 여섯 자 부처님 명호에 다 들어 있음을 또한 굳게 믿고 순간순간, 걸음걸음 염불로 일생을 닦으면 좋은 세상이 온다.

모든 불교 수행의 근본은 '발보리심'과 '신심'이다. 염불 수행에 있어서도 가장 중요한 것은 믿음이다. 믿음은 염불의 기초이다. 믿음이 굳건해야 염불 수행도 무너지지 않는다. 믿는 마음이 없으면 한 걸음도 나아갈 수 없다. 믿음이 없는 중생은 아무리 전지전능한 불보살이 계신다 해도 결코 제도할 수 없다. 그러니 아상을 버리고 믿음을 세워야 한다.

이 믿음이 세워져야 원력이 생기고 원력이 생겨야 염불행이 일어난다. 간절하고 굳건한 반석 같은 믿음이 없으면 원력심도, 염불행도 모래 위의 누각과 같다. 믿지 않고 의심하면 그 의심이 장애가 돼 육도의 윤회를 벗어날 수 없지만 굳게 믿으면 자연히 극락에 태어나기를 원하게 되고, 극락에 태어나기를 원하면 자연히 염불행으로 나아가게 된다.

우리는 자신이 미혹하고 사상四相에 빠져 사는 중생임을 인정할 필요가 있다. 우리는 이 세상에 태어나는 순간부터 호흡지간에도 눈에 보이지 않는 수많은 중생을 본의 아니게 살생하며 살고 있다. 사바세계는 삼독이 치성하기 때문에 아무리 착한 행을 해도 진실하지 않음이 또한 한계다.

그러나 『아미타경』에서도 설하셨지만, 부처님은 이 오탁악세에서 유일하게 진리를 증득하신 분으로 말세 중생을 위해 믿기 어렵고 불가사의한 법문을 해 주셨다고 시방삼세 모든 부처님께서 찬탄하시니 미혹한 중생으로서 어찌 믿지 않을 수 있겠는가.

그러니 함부로 추측하고 의심하는 어리석음을 범하지 말아야 한다. 서산 대사는 『선가귀감』에서 "육조 혜능 스님이 부처는 자기 성품 속에서 구할 것이지 자기 밖에서 구하지 말라고 가르치셨으나 이 말씀은 본심本心을 가르치신 것으로 이치는 그렇지만 현상으로는 아미타불의 48원과 극락세계가 확실히 있는 것이다. 더구나 고금으로 극락에 왕생한 사람들의 행적이 분명하게 전해 오니 공부하는 이들이 잘못 알아서는 안 된다."고 경계하셨다.

'믿음은 도道의 근원이며 공덕의 어머니'라는 『화엄경』의 말씀이 참으로 보배로운 가르침이 아닌가.

염불행자가 갖추어야 할 두 번째 요건은 원願을 세우는 일이다.

모든 불보살님께서도 원을 세우셨다. 염불하는 사람의 최종 목표는 성불이다. 성불하기 위해서는 극락왕생을 원해야 한다. 아무리 지극히 염불하더라도 원을 세우지 않으면 왕생할 수 없고, 왕생하지 못하면 성불하지 못한다.

『아미타경』에서도 부처님께서 "나의 가르침을 믿는 선남자 선여인은 극락세계에 왕생하기를 마땅히 발원해야 하느니라."라고 하셨다. 극락왕생과 성불에 있어 발원이 중요하다는 것을 부처님께서 가르치신 것이다. 따라서 염불행자는 왕생하고자 하는 절대적인 원을 세워야 한다.

다음의 「연지대사서방원문」은 참회, 발원, 정진, 회향의 염불 수행 과정이 함축돼 있는 최고의 명문이니 염불행자는 마음으로 새기며 자주 읽기를 권한다.

"극락세계에 계시사 중생을 이끌어 주시는 아미타불께 귀의하옵고 그 세계에 가서 나기를 발원하옵나니, 자비하신 원력으로 굽어살펴 주옵소서.

저희들이 네 가지 은혜 끼친 이와 삼계 중생을 위해 부처님의 위없는 도를 이루려는 정성으로 아미타불의 거룩하신 명호를 불러 극락세계에 왕생하기를 원하나이다. 업장은 두터운데 복과 지혜 엷사와, 때 묻은 마음 물들기 쉽고 깨끗한 공덕 이루기 어려워, 이제 부처님 앞에 지극한 정성으로 예배하고 참회하나이다.

저희들이 아득한 옛적부터 오늘에 이르도록 몸과 말과 생각으로 한량없이 지은 죄와 무수히 맺은 원결 모두 다 풀어 버리고, 이제 서원을 세워 나쁜 짓 멀리하여 다시 짓지 아니하고 보살도 항상 닦아 물러나지 아니하며, 정각을 이루어서 중생을 제도하려 하옵니다.

아미타 부처님이시여, 대자대비하신 원력으로 저를 증명하시고 가엾이 여기사 가피를 내리소서. 삼매에서나 꿈속에서나 거룩한 상호를 뵙게 하시고, 아미타불의 장엄하신 국토에 다니면서 감로로 뿌려 주시고 광명으로 비춰 주시며 손으로 쓰다듬어 주시고 가사로 덮어 주심 입사와, 업장은 소멸되고 선근은 자라나며 번뇌는 없어지고 무명은 깨어져, 원각의 묘한 마음 뚜렷하게 열리옵고 극락세계가 항상 앞에 나타나게 하옵소서. 그리고 이 목숨 마칠 때에 갈 시간 미리 알아 여러 가지 병고액난 이 몸에서 사라지고 탐 · 진 · 치 온갖 번뇌 씻은 듯이 없어져 육근이 화락하고 한 생각 분명하여 이 몸을 버리옵기 정에 들듯 하여지이다.

아미타불께서 관음 · 세지 두 보살과 성중을 데리시고 광명 놓아 맞으시며 손들어 이끄시어, 높고 넓은 누각과 아름다운 깃발과 맑은 향기, 천상 음악, 거룩한 서방정토 눈앞에 나타나면, 보는 이와 듣는 이들 기쁘고 감격하여 위없는 보리심을 내게 하여지이다. (……)

저희들이 지금 예배하고 발원하여 닦아 지닌 공덕을 온갖 중생에게 두루 베풀어 네 가지 은혜 골고루 갚사옵고 삼계 중생을 모두 제도하여 다 같이 일체 종지를 이루게 하여지이다.”

이 연지 대사의 발원문을 꼭 음미하기 바라며 염불할 때 외우기가 여의치 않다면 '이 생이 다하면 아미타 부처님의 인도로 극락세계에 왕생하기를 간절히 원합니다.'라고 꼭 발원해야 한다.

염불행자가 갖추어야 할 세 번째 요건은 수행[行]이다.

석가모니 부처님이 하신 불가사의한 법문을 믿고 간절하게 극락왕생을 발원한 염불행자는 실답게 염불 수행을 닦아야 한다. 부처님을 마음속에 모시고, 부처님의 가르침을 모시고, 청정한 스님들 모심을 기본으로 부처님의 명호를 불러야 한다.

하루에도 수천수만 번 오가는 그 망상과 집착, 어리석음은 온갖 죄를 짓는 근원이니 마음을 오직 '나무아미타불', 일구에 집중해 흔들림 없이 일심불란하게 평정심을 유지해 부처님 명호를 불러야 한다.

흔들릴 때는 '내가 흔들리면 지옥에 떨어져 모진 고통을 받는다.'는 마음으로 지옥에서 고통받는 나를 생각하며 물리쳐야 한다. 천재일우의 인연으로 부처님을 만났고 염불이라는 최상승의 불가사의한 법문을 만났으니 나는 이 염불 수행으로 반드시 극락세계에 나서 성불하게 돼 있음을 굳게 믿고, 환희로운 마음으로 오로지 염불에 집중해 그 마음이 전도되지 않아야 한다[心不顚倒].

또한 염불행자는 염불과 함께 염불을 돕는 복을 닦아야 한다.

소납은 모든 중생을 부처님처럼 모시고 예배하며, 공양 올리는 행을 중요하게 생각한다. 동진 출가하여 살아오면서 자운 대율사를 위시한 많은 덕 높은 큰스님들로부터 몸으로 배우고 익힌 소중한 가르침이다. 매일 행하는 일과지만 예배하고 공양 올리는 일보다 중요한 수행이 어디 있겠는가 하는 생각이 든다.

심신을 청정하게 해서 눈앞에 부처님이 계신다는 생각으로 정성스럽게 예배하고 공양 올리는 행은 불자라면 기본적으로 행해야 하는 가장 중요한 가르침이다. 그 속에 부처님의 가르침이 다 들어 있다.

그리고 억겁 인연을 지나오면서 지어 온 허물을 참회하며 다시는 허물을 짓지 않고 인연에 탐착하지 않고자 대중에게 재계를 베풀고, 나 스스로 계율을 수지하며 보리심에서 떠나지 않도록 수시로 『아미타경』이나 왕생주를 외우면서 염불을 이어가면 왕생의 염불행에 부족함이 없을 것이다.

『관무량수경』에서는 16관법과 함께 구체적으로 세 가지 복을 닦으라고 권한다.

첫째, 부모에게 효도하고, 스승과 어른을 받들어 섬기며, 자비로운 마음으로 살생하지 않고, 지성으로 열 가지 선업을 닦을 것.

둘째, 삼보에 귀의하여 계율을 지키며, 거동과 예의를 바르게 할 것.

셋째, 보리심을 일으켜 깊이 인과의 도리를 믿고 대승경전을 독송하며, 한편 다른 이에게도 그렇게 하도록 힘써 권할 것.

이와 같이 왕생하고자 하는 사람들이 닦아야 하는 행을 설해 놓고 있지만 소납의 경험으로 보건대 일심으로 염불 정진하는 사람들을 보면 대부분 착하고 청정하다. 염불하는 사람치고 생명을 사랑하지 않는 사람이 드물고, 말을 부드럽게 하지 않는 사람이 없다. 염불하는 사람은 헌신적으로 이웃을 돕는 데 앞장서며 이기적인 사람이 별로 없다. 남이 잘되면 칭찬하고 시기하지 않는다. 염불하는 사람은 또한 부지런하다.

항상 몸과 입과 마음으로 아미타 부처님을 마음속에 모시고 살면 부처님의 무량한 지혜광명과 자비로운 생명력이 분출하기 때문이다.

회향하며 드리는 말씀

수많은 스님과 불자들이 과거로부터 지금 이 순간까지도 성불을 향해 가고 있다.

누가 소납에게 '어떤 사람이 성불할 수 있느냐?'고 묻는다면 서슴없이 염불하는 사람이 성불한다고 말할 것이다. 염불하는 사람을 성불하게 하는 것이 아미타 부처님의 본원력이고, 사생자부四生慈父이신 석가모니 부처님이 또한 그렇게 말씀하셨으며, 염불하면 성불하는 이『아미타경』의 도리를 시방세계 모든 부처님께서 찬탄하고 증명하셨기 때문이다. 뿐만 아니라 염불행이야말로 성불로 가는 지혜로운 길이라고 문수보살을 비롯한 제대보살님과 선지식들께서 인도하셨기 때문이다.

시절인연으로 중국의 문수성지인 오대산을 순례할 기회가 있었다. 특히 대현통사大顯通寺에서 친견한 천발千鉢 문수보살님은 퍽 인상적이었다. 천 개의 손을 가진 문수보살이 천 개의 발우를 들고 있었다. 발우 하나에 부처님 한 분씩 일천 부처님을 모시고 있는 문수보살님. 그 모습을 친견하면서 바로 이렇게 부처님을 모시는 행이 바로 문수보살님의 대지혜가 아닌가 하는 생각이 들었다. 이런 마음으로 부처님을 모시고 염불해야 한다. 또한 오대산 중대 인근 작은 연못인 태화지에서 간절한 기도로 문수보살을 친견하신 자장 스님을 떠올려 보면서 우리가 나아갈 길을 생각해 보았다. 그리고 소납은 확신했다.

나무아미타불! 이 쉬운 길, 지혜로운 길이 우리의 길이다. 아직도 이 짧은 일구를 염불하는 일에 무슨 공덕이 있는가 하고 의심하는 사람이 많다. 모든 하늘의 대력신장과 권속이 밤낮으로 수호하고, 관세음보살 등 스물다섯 분의 보살이 항상 수호하는 등 염불에 크나큰 공덕이 있지만 아무리 훌륭한 공덕이 있더라도 믿지 않고 행하지 않으면 인연이 닿지 않는다.

소납이 자운 큰스님을 시봉할 때 일이다. 스님께서 어느 날『화엄경』을 정독하고 계셨다. 그래서 "예전에 다 보셨으면서 왜 또 보십니까?" 여쭈니, "그때 본『화엄경』하고 다르다. 너도 나중에 지나 보면 안다." 하셨다. 체득하지 않으면 모르는 법이다. 히말라야 산이 웅장한 줄을 들어 알 수는 있어도 직접 올라보지 않고는 사실을 모른다. 석가모니 부처님은 육바라밀, 사성제, 팔정도를 다 체득한 분이다. 그리고 극락이 있고 아미타 부처님이 계심을 알고 극락에 가는 법을 이미 체득하신 분이다. 이론으로만 아는 분이 아니다. 극락세계야말로 부처님께서 직접 보고 아신 본지풍광本地風光의 자리이다.

따라서 염불행의 공덕은 불가사의한 힘을 지닐 수밖에 없다. 이런 큰 공덕이 있으니 환희롭게 믿고 이 땅의 모든 중생을 품되 품은 바 없는, 머무름 없는 마음으로 보살행도 실천하면서 성불의 그날까지 정성껏 염불하시기 바란다. 소납은 자운 큰스님을 모시고 살면서 『아미타경』 독송과 광명 진언, 아미타불 종자 진언, 정토 다라니를 놓지 않고 살아왔다. 남은 생 마지막 순간까지 염불을 놓지 않는 것이 부처님의 은혜에 보답하는 길이라 믿는다.

끝으로 믿기 어려운 이 최상승 법문을 주신 석가모니 부처님께 예배드리면서, 소납의 강설이 믿음을 근본으로 행해졌음에 다소 미흡한 부분이 있었더라도 양해를 구한다. 이 공덕으로 모두 함께 극락왕생하고 다시 이 땅에 돌아와 중생제도하기를 발원하며 글을 맺는다.

나무아미타불!

부 록

『불설아미타경』원문 (한문, 우리말)
정토예경
아미타 부처님의 48대원
나무아미타불 예찬

『불설아미타경』 원문

한문 『불설아미타경』 (구마라집 역)
우리말 『불설아미타경』 (운허 용하 역)

한문 『불설아미타경』
요진姚秦 삼장법사三藏法師 구마라집鳩摩羅什 역

| 제일 법회중증분 | 第一 法會衆證分

여시아문 일시불재사위국기수급고독원
如是我聞 一時佛在舍衛國祇樹給孤獨園

여대비구승천이백오십인구 개시대아라한
與大比丘僧千二百五十人俱 皆是大阿羅漢

중소지식 장로사리불 마하목건련 마하가섭
衆所知識 長老舍利弗 摩訶目乾連 摩訶迦葉

마하가전연 마하구치라 이바다 주리반타가
摩訶迦旃延 摩訶俱絺羅 離婆多 周利槃陀迦

난타 아난타 라후라 교범바제 빈두로바라타
難陀 阿難陀 羅睺羅 憍梵波提 賓頭盧頗羅墮

가류타이 마하겁빈나 박구라 아누루타
迦留陀夷 摩訶劫賓那 縛俱羅 阿㝹樓馱

여시등제대제자 병제보살마하살
如是等諸大弟子 並諸菩薩摩訶薩

문수사리법왕자 아일다보살 건타하제보살
文殊師利法王子 阿逸多菩薩 乾陀訶提菩薩

상정진보살 여여시등제대보살 급석제환인등
常精進菩薩 與如是等諸大菩薩 及釋提桓因等

무량제천대중구
無量諸天大衆俱

| 제이 불토의정분 | 第二 佛土依正分

이시 불고 장로사리불 종시서방 과십만억불토
爾時 佛告 長老舍利弗 從是西方 過十萬億佛土

유세계 명왈극락 기토유불 호아미타 금현재설법
有世界 名曰極樂 其土有佛 號阿彌陀 今現在說法

| 제삼 보수지연분 | 第三 寶樹池蓮分

사리불 피토 하고 명위극락 기국중생 무유중고
舍利弗 彼土 何故 名爲極樂 其國衆生 無有衆苦

단수제락 고명극락 우사리불 극락국토 칠중난순
但受諸樂 故名極樂 又舍利弗 極樂國土 七重欄楯

칠중나망 칠중항수 개시사보 주잡위요 시고
七重羅網 七重行樹 皆是四寶 周匝圍繞 是故

피국 명왈극락 우사리불 극락국토 유칠보지
彼國 名曰極樂 又舍利弗 極樂國土 有七寶池

팔공덕수 충만기중 지저 순이금사 포지
八功德水 充滿其中 池底 純以金沙 布地

사변계도 금은유리파려 합성 상유누각 역이금은
四邊階道 金銀琉璃頗瓈 合成 上有樓閣 亦以金銀

유리 파려 차거 적주 마노 이엄식지 지중연화
琉璃 頗瓈 硨磲 赤珠 瑪瑙 而嚴飾之 池中蓮花

대여거륜 청색청광 황색황광 적색적광 백색백광
大如車輪 靑色靑光 黃色黃光 赤色赤光 白色白光

미묘향결 사리불 극락국토 성취여시공덕장엄
微妙香潔 舍利弗 極樂國土 成就如是功德莊嚴

| 제사 천인공양분 | 第四 天人供養分

우사리불 피불국토 상작천악 황금위지 주야육시
又舍利弗 彼佛國土 常作天樂 黃金爲地 晝夜六時

우천만다라화 기토중생 상이청단 각이의극
雨天曼陀羅華 其國衆生 常以淸旦 各以衣祴

성중묘화 공양타방 십만억불 즉이식시 환도본국
盛衆妙華 供養他方 十萬億佛 卽以食時 還到本國

반사경행 사리불 극락국토 성취여시공덕장엄
飯食經行 舍利弗 極樂國土 成就如是功德莊嚴

| 제오 금수연법분 | 第五 禽樹演法分

부차사리불 피국 상유종종기묘잡색지조 백학 공작
復次舍利弗 彼國 常有種種奇妙雜色之鳥 白鶴 孔雀

앵무 사리 가릉빈가 공명지조 시제중조 주야육시
鸚鵡 舍利 迦陵頻伽 共命之鳥 是諸衆鳥 晝夜六時

출화아음 기음연창 오근오력 칠보리분 팔성도분
出和雅音 其音演暢 五根五力 七菩提分 八聖道分

여시등법 기토중생 문시음이 개실염불염법염승
如是等法 其土衆生 聞是音已 皆悉念佛念法念僧

사리불 여물위차조 실시죄보소생 소이자하
舍利弗 汝勿謂此鳥 實是罪報所生 所以者何

피불국토 무삼악도 사리불 기불국토 상무악도지명
彼佛國土 無三惡道 舍利弗 其佛國土 尙無惡道之名

하황유실 시제중조 개시아미타불 욕령법음 선류
何況有實 是諸衆鳥 皆是阿彌陀佛 欲令法音 宣流

변화소작 사리불 피불국토 미풍 취동 제보항수
變化所作 舍利弗 彼佛國土 微風 吹動 諸寶行樹

급보라망 출미묘음 비여백천종악 동시구작
及寶羅網 出微妙音 譬如百千種樂 同時俱作

문시음자 자연개생염불염법염승지심 사리불
聞是音者 自然皆生念佛念法念僧之心 舍利弗

기불국토 성취여시공덕장엄
其佛國土 成就如是功德莊嚴

| 제육 불덕무량분 | 第六 佛德無量分

사리불 어여의운하 피불 하고 호아미타 사리불
舍利弗 於汝意云何 彼佛 何故 號阿彌陀 舍利弗

피불광명 무량 조시방국 무소장애 시고
彼佛光明 無量 照十方國 無所障碍 是故

호위아미타 우사리불 피불수명 급기인민
號爲阿彌陀 又舍利弗 彼佛壽命 及其人民

무량무변아승지겁 고명아미타 사리불 아미타불
無量無邊阿僧祇劫 故名阿彌陀 舍利弗 阿彌陀佛

성불이래 어금십겁 우사리불 피불
成佛已來 於今十劫 又舍利弗 彼佛

유무량무변성문제자 개아라한 비시산수지소능지
有無量無邊聲聞弟子 皆阿羅漢 非是算數之所能知

제보살중 역부여시 사리불 피불국토
諸菩薩衆 亦復如是 舍利弗 彼佛國土

성취여시공덕장엄
成就如是功德莊嚴

| 제칠 왕생발원문 | 第七 往生發願文

우사리불 극락국토 중생생자 개시아비발치
又舍利弗 極樂國土 衆生生者 皆是阿鞞跋致

기중 다유일생보처 기수심다 비시산수
其中 多有一生補處 其數甚多 非是算數

소능지지 단가이무량무변아승지 설사리불 중생문자
所能知之 但可以無量無邊阿僧祇 說舍利弗 衆生聞者

응당발원 원생피국 소이자하 득여여시제상선인
應當發願 願生彼國 所以者何 得與如是諸上善人

구회일처
俱會一處

| 제팔 수지정행분 | 第八 修持正行分

사리불 불가이소선근복덕인연 득생피국 사리불
舍利弗 不可以少善根福德因緣 得生彼國 舍利弗

약유선남자선여인 문설아미타불 집지명호 약일일
若有善男子善女人 聞說阿彌陀佛 執持名號 若一日

약이일 약삼일 약사일 약오일 약육일 약칠일
若二日 若三日 若四日 若五日 若六日 若七日

일심불란 기인 임명종시 아미타불 여제성중
一心不亂 其人 臨命終時 阿彌陀佛 與諸聖衆

현재기전 시인종시 심부전도 즉득왕생
現在其前 是人終時 心不顚倒 卽得往生

아미타불극락국토 사리불 아견시리 고설차언
阿彌陀佛極樂國土 舍利弗 我見是利 故說此言

약유중생 문시설자 응당발원 생피국토
若有衆生 聞是說者 應當發願 生彼國土

| 제구 동찬권신분 | 第九 同讚勸信分

사리불 여아금자 찬탄아미타불불가사의공덕지리
舍利弗 如我今者 讚歎阿彌陀佛不可思議功德之利

동방 역유아촉비불 수미상불 대수미불 수미광불
東方 亦有阿閦鞞佛 須彌相佛 大須彌佛 須彌光佛

묘음불 여시등항하사수제불 각어기국 출광장설상
妙音佛 如是等恒河沙數諸佛 各於其國 出廣長舌相

변부삼천대천세계 설성실언 여등중생
徧覆三千大千世界 說誠實言 汝等衆生

당신시칭찬불가사의공덕 일체제불 소호념경
當信是稱讚不可思議功德 一切諸佛 所護念經

사리불 남방세계 유 일월등불 명문광불
舍利弗 南方世界 有 日月燈佛 名聞光佛

대염견불 수미등불 무량정진불 여시등항하사수제불
大焰肩佛 須彌燈佛 無量精進佛 如是等恒河沙數諸佛

각어기국 출광장설상 변부삼천대천세계 설성실언
各於其國 出廣長舌相 徧覆三千大千世界 說誠實言

여등중생 당신시칭찬불가사의공덕 일체제불
汝等衆生 當信是稱讚不可思議功德 一切諸佛

소호념경 사리불 서방세계 유 무량수불 무량상불
所護念經 舍利弗 西方世界 有 無量壽佛 無量相佛

무량당불 대광불 대명불 보상불 정광불
無量幢佛 大光佛 大明佛 寶相佛 淨光佛

여시등항하사수제불 각어기국 출광장설상
如是等恒河沙數諸佛 各於其國 出廣長舌相

변부삼천대천세계 설성실언 여등중생
徧覆三千大千世界 說誠實言 汝等衆生

당신시칭찬불가사의공덕 일체제불 소호념경
當信是稱讚不可思議功德 一切諸佛 所護念經

사리불 북방세계 유 염견불 최승음불 난저불
舍利弗 北方世界 有 焰肩佛 最勝音佛 難沮佛

일생불 망명불 여시등항하사수제불 각어기국
日生佛 網明佛 如是等恒河沙數諸佛 各於其國

출광장설상 변부삼천대천세계 설성실언 여등중생
出廣長舌相 徧覆三千大千世界 說誠實言 汝等衆生

당신시칭찬불가사의공덕 일체제불 소호념경
當信是稱讚不可思議功德 一切諸佛 所護念經

사리불 하방세계 유 사자불 명문불 명광불 달마불
舍利弗 下方世界 有 師子佛 名聞佛 名光佛 達摩佛

법당불 지법불 여시등항하사수제불 각어기국
法幢佛 持法佛 如是等恒河沙數諸佛 各於其國

출광장설상 변부삼천대천세계 설성실언 여등중생
出廣長舌相 徧覆三千大千世界 說誠實言 汝等衆生

당신시칭찬불가사의공덕 일체제불 소호념경
當信是稱讚不可思議功德 一切諸佛 所護念經

사리불 상방세계 유 범음불 숙왕불 향상불 향광불
舍利弗 上方世界 有 梵音佛 宿王佛 香上佛 香光佛

대염견불 잡색보화엄신불 사라수왕불 보화덕불
大焰肩佛 雜色寶華嚴身佛 娑羅樹王佛 寶華德佛

견일체의불 여수미산불 여시등항하사수제불
見一切義佛 如須彌山佛 如是等恒河沙數諸佛

각어기국 출광장설상 변부삼천대천세계
各於其國 出廣長舌相 偏覆三千大千世界

설성실언 여등중생 당신시칭찬불가사의공덕
說誠實言 汝等衆生 當信是稱讚不可思議功德

일체제불 소호념경
一切諸佛 所護念經

| 제십 문법신원분 | 第十 聞法信願分

사리불 어여의운하 하고 명위일체제불 소호념경
舍利弗 於汝意云何 何故 名爲一切諸佛 所護念經

사리불 약유선남자선여인 문시경 수지자
舍利弗 若有善男子善女人 聞是經 受持者

급문제불명자 시제선남자선여인
及聞諸佛名者 是諸善男子善女人

개위일체제불지소호념
皆爲一切諸佛之所護念

개득불퇴전어아녹다라삼먁삼보리 시고
皆得不退轉於阿耨多羅三藐三菩提 是故

사리불 여등 개당신수아어 급제불소설 사리불
舍利弗 汝等 皆當信受我語 及諸佛所說 舍利弗

약유인 이발원 금발원 당발원 욕생아미타불국자
若有人 已發願 今發願 當發願 欲生阿彌陀佛國者

시제인등 개득불퇴전 어아뇩다라삼먁삼보리
是諸人等 皆得不退轉 於阿耨多羅三藐三菩提

어피국토 약이생 약금생 약당생 시고 사리불
於彼國土 若已生 若今生 若當生 是故 舍利弗

제선남자선여인 약유신자 응당발원 생피국토
諸善男子善女人 若有信者 應當發願 生彼國土

| 제십일 호찬감발분 | 第十一 互讚感發分

사리불 여아금자 칭찬제불불가사의공덕 피제불등
舍利弗 如我今者 稱讚諸佛不可思議功德 彼諸佛等

역칭찬아 불가사의공덕 이작시언 석가모니불
亦稱讚我 不可思議功德 而作是言 釋迦牟尼佛

능위심난희유지사 능어사바국토 오탁악세 겁탁
能爲甚難希有之事 能於娑婆國土 五濁惡世 劫濁

견탁 번뇌탁 중생탁 명탁중
見濁 煩惱濁 衆生濁 命濁中

득아뇩다라삼먁삼보리 위제중생
得阿耨多羅三藐三菩提 爲諸衆生

설시일체세간난신지법 사리불 당지
說是一切世間難信之法 舍利弗 當知

아어오탁악세 행차난사 득아뇩다라삼먁삼보리
我於五濁惡世 行此難事 得阿耨多羅三藐三菩提

위일체세간 설차난신지법 시위심난
爲一切世間 說此難信之法 是爲甚難

| 제십이 유통보도분 | 第十二 流通普度分

불설차경이 사리불 급제비구 일체세간천인아수라등
佛說此經已 舍利弗 及諸比丘 一切世間天人阿修羅等

문불소설 환희신수 작례이거
聞佛所說 歡喜信受 作禮而去

우리말『불설아미타경』

운허 용하 역

나무 연지해회 불보살(3번)

　이와 같이 내가 들었다. 어느 때 부처님은 1,250인이나 되는 많은 비구들과 함께 사위국 기원정사에 계시었다.

　그들은 모두 덕이 높은 큰 아라한으로 여러 사람들이 잘 아는 이들이었다. 즉, 장로 사리불 · 마하목건련 · 마하가섭 · 마하가전연 · 마하구치라, 리바다 · 주리반타가 · 난다 · 아난다 · 라후라 · 교범바제 · 빈두로파라타 · 가루다이 · 마하겁빈나 · 박구라 · 아누루타와 같은 큰 제자들이었다.

　이 밖에 법의 왕자인 문수사리를 비롯하여 아일다보살 · 건타하제보살 · 상정진보살 등 큰 보살과 석제환인 등 수많은 천인들도 자리를 같이 했었다.

　그때 부처님께서 장로 사리불에게 말씀하셨다.

"여기에서 서쪽으로 십만억 불국토를 지나간 곳에 극락이라고 하는 세계가 있다. 거기에 아미타불이 계시어 지금도 법을 설하신다.

사리불이여, 저 세계를 어째서 극락이라 하는 줄 아는가? 거기에 있는 중생들은 아무 괴로움도 없이 즐거운 일만 있으므로 극락이라 하는 것이다.

극락세계에는 일곱 겹으로 된 난간과 일곱 겹의 나망羅網과 일곱 겹의 가로수가 있는데, 금·은·청옥·수정의 네 가지 보석으로 눈부시게 장식되어 있다. 극락세계에는 또 칠보로 된 연못이 있고, 그 연못은 여덟 가지 공덕이 있는 물로 가득 찼으며, 연못 바닥에는 금모래가 깔려 있다. 연못 둘레에는 금·은·청옥·수정의 네 가지 보석으로 된 네 개의 층계가 있고, 그 위에는 누각이 있는데, 금·은·청옥·수정·붉은 진주·마노·호박으로 찬란하게 꾸며져 있다.

그리고 그 연못 속에는 수레바퀴만 한 연꽃이 피어, 푸른빛에서는 푸른 광채가 나고, 누른빛에서는 누른 광채가, 붉은빛에서는 붉은 광채, 흰빛에서는 흰 광채가 나는데, 참으로 아름답고 향기롭고 정결하다. 사리불이여, 극락세계는 이와 같은 공덕장엄으로 이루어졌느니라.

사리불이여, 또 저 불국토에는 항상 천상의 음악이 연주되고, 대지는 황금색으로 빛나고 있다. 그리고 밤낮으로 천상의 만다라 꽃비가 내린다. 그 불국토의 중생들은 이른 아침마다 바구니에 여러 가지 아름다운 꽃을 담아 다른 세계로 다니면서 십만억 부처님께 공양하고, 조반 전에 돌아와 식사를 마치고 산책한다. 사리불이여, 극락세계는 이와 같은 공덕장엄으로 이루어졌느니라.

또 그 불국토에는 아름답고 기묘한 여러 빛깔을 가진 백학·공작·앵무새·사리새·가릉빈가·공명조 등이 밤낮을 가리지 않고 항상 화평하고 맑은 소리로 노래한다. 그들이 노래하면 오근五根과 오력五力과 칠보리분七菩提分과 팔정도八正道를 설하는 소리가 흘러나온다. 그 나라 중생들이 그 소리를 들으면, 부처님을 생각하고 법문을 생각하며 스님들을 생각하게 된다.

사리불이여, 이 새들이 죄업으로 생긴 것이라고는 생각하지 말라. 왜냐하면 그 불국토에는 지옥·아귀·축생 등 삼악도三惡道가 없기 때문이다. 거기에는 지옥이라는 이름도 없는데 어떻게 실지로 그런 것이 있겠는가. 이와 같은 새들은 법문을 설하기 위해 모두 아미타불께서 화현으로 만든 것이다.

그 불국토에 미풍이 불면 보석으로 장식된 가로수와 나망에서 아름다운 소리가 나는데, 그것은 마치 백천 가지 악기가 합주하는 듯하다. 이 소리를 듣는 사람은 부처님을 생각하고 법문을 생각하며 스님들을 생각할 마음이 저절로 우러난다. 사리불이여, 극락세계는 이와 같은 공덕장엄으로 이루어졌느니라.

사리불이여, 그 부처님을 어째서 '아미타불'이라 하는 줄 아는가? 그 부처님의 광명이 한량없어 시방세계를 두루 비추어도 조금도 걸림이 없기 때문이다.

또 그 부처님의 수명과 그 나라 인민의 수명이 한량없고 끝이 없는 아승지겁이므로 아미타불이라 한다. 아미타불이 부처가 된 지는 벌써 열 겁이 지났다.

사리불이여, 그 부처님에게는 헤아릴 수 없이 많은 성문 제자들이 있는데 모두 아라한들이다. 어떠한 산수로도 성문 제자들의 수효를 헤아릴 수 없고, 보살 대중의 수도 또한 그렇다. 사리불이여, 극락세계는 이와 같은 공덕장엄으로 이루어졌느니라.

사리불이여, 극락세계에 태어나는 중생들은 다 보리심에서 물러나지 않는 이들이며, 그 가운데는 일생보처一生補處에 오른 이들이 수없이 많아 숫자와 비유로도 헤아릴 수 없고, 오직 무량무변 아승지로 표현할 수밖에 없다.

이 말을 들은 중생들은 마땅히 서원을 세워 저 세계에 가서 나기를 원해야 할 것이다. 왜냐하면, 거기 가면 그와 같이 으뜸가는 사람들과 한데 모여 살 수 있기 때문이다.

사리불이여, 조그마한 선근이나 복덕의 인연으로 저 세계에 가서 날 수 없느니라.

선남자 선여인이 아미타불에 대한 이야기를 듣고 하루나 이틀, 혹은 사흘·나흘·닷새·엿새·이레 동안 한결같은 마음으로 아미타불의 이름을 외우되, 조금도 마음이 흐트러지지 않으면 그가 임종할 때에 아미타불이 여러 거룩한 분들과 함께 그 사람 앞에 나타날 것이다.

그가 목숨을 마칠 때에 생각이 뒤바뀌지 않고 아미타불의 극락세계에 왕생하게 될 것이다.

사리불이여, 나는 이러한 도리를 알고 그와 같은 말을 하나니, 어떤 중생이든지 이 말을 들으면 마땅히 저 국토에 가서 나기를 원하라.

사리불이여, 내가 지금 아미타불의 한량없는 공덕을 찬탄한 것처럼, 동방에도 아촉비불·수미상불·대수미불·수미광불·묘음불이 계신다. 이러한 수없는 부처님들이 각기 그 세계에서 삼천대천세계에 두루 미치도록 진실한 말씀으로 "너희 중생들은 '불가사의한 공덕의 칭찬' '모든 부처님이 한결같이 보호함'이라고 하는 이 법문을 믿으라."고 설법하시느니라.

사리불이여, 남방세계에도 일월등불·명문광불·대염견불·수미등불·무량정진불이 계신다. 이러한 수없는 부처님들이 각기 그 세계에서 삼천대천세계를 두루 미치도록 진실한 말씀으로 "너희 중생들은 '불가사의한 공덕의 칭찬' '모든 부처님이 한결같이 보호함'이라고 하는 이 법문을 믿으라."고 설법하시느니라.

사리불이여, 서방세계에도 무량수불·무량상불·무량당불·대광불·대명불·보상불·정광불이 계신다. 이러한 수없는 부처님들이 각기 그 세계에서 삼천대천세계를 두루 미치도록 진실한 말씀으로 "너희 중생들은 '불가사의한 공덕의 칭찬' '모든 부처님이 한결같이 보호함'이라고 하는 이 법문을 믿으라."고 설법하시느니라.

사리불이여, 북방세계에도 염견불·최승음불·난저불·일생불·망명불이 계신다. 이러한 수없는 부처님들이 각기 그 세계에서 삼천대천세계를 두루 미치도록 진실한 말씀으로 "너희 중생들은 '불가사의한 공덕의 칭찬' '모든 부처님이 한결같이 보호함'이라고 하는 이 법문을 믿으라."고 설법하시느니라.

사리불이여, 하방세계에도 사자불·명문불·명광불·달마불·법당불·지법불이 계신다. 이러한 수없는 부처님들이 각기 그 세계에서 삼천대천세계를 두루 미치도록 진실한 말씀으로 "너희 중생들은 '불가사의한 공덕의 칭찬' '모든 부처님이 한결같이 보호함'이라고 하는 이 법문을 믿으라."고 설법하시느니라.

사리불이여, 상방세계에도 범음불·숙왕불·향상불·향광불·대염견불·잡색보화엄신불·사라수왕불·보화덕불·견일체의불·여수미산불이 계신다. 이러한 수없는 부처님들이 각기 그 세계에서 삼천대천세계를 두루 미치도록 진실한 말씀으로 "너희 중생들은 '불가사의한 공덕의 칭찬' '모든 부처님이 한결같이 보호함'이라고 하는 이 법문을 믿으라."고 설법하시느니라.

사리불이여, 이 경經을 가리켜 어째서 모든 부처님들이 한결같이 보호하는 법문이라 하는 줄 아는가? 선남자 선여인들이 있어 이 법문을 듣고 받아 지니거나 부처님의 이름을 들으면, 모든 부처님의 보호를 받아 바른 깨달음에서 물러나지 않기 때문이다. 그러므로 그대들은 내 말과 여러 부처님의 말씀을 잘 믿어라.

사리불이여, 어떤 사람이 아미타불의 세계에 가서 나기를 이미 발원하였거나 지금 발원하거나 혹은 장차 발원한다면, 그는 바른 깨달음에서 물러나지 않고, 그 세계에 벌써 났거나 지금 나거나 혹은 장차 날 것이다. 그러므로 신심이 있는 선남자 선여인은 마땅히 극락세계에 가서 나기를 발원해야 할 것이다.

사리불이여, 내가 지금 여러 부처님의 불가사의한 공덕을 칭찬하듯이, 저 부처님들도 또한 "석가모니 부처님이 어렵고 희유한 일을 하셨다. 시대가 흐리고, 견해가 흐리고, 번뇌가 흐리고, 중생이 흐리고, 생명이 흐린 사바세계의 오탁악세五濁惡世에서 바른 깨달음을 얻고 중생들을 위해 세상에서 믿기 어려운 법을 설한다."고 나의 불가사의한 공덕을 칭찬하시느니라.

사리불이여, 내가 이 오탁악세에서 갖은 고생 끝에 바른 깨달음을 얻고, 모든 세상을 위해 믿기 어려운 법을 설하는 것은 결코 쉬운 일이 아님을 알아라."

부처님께서 이 경을 말씀하시니, 사리불과 비구들과 모든 세간의 천인 아수라들도 부처님의 말씀을 듣고 기뻐하면서 예배하고 물러갔다.

■ 광명진언

옴 아모카 바이로차나 마하무드라 마니 파드마 즈바라 프라 바릍타야 훔(3번)

■ 발일체업장 근본득생정토 다라니

나무 아미다바야 다타가다야 다디야타 아미리도바비 아미 리다싣담바비 아미리다 바기란뎨 아미리다 비가란다 가미니 가 가나 기다가례 사바하(3번)

■ 아미타불 종자 진언

옴 바즈라 다르마 흐릫(10번)

원 이 차 공 덕　보 급 어 일 체
願以此功德 普及於一切

아 등 여 중 생　당 생 극 락 국
我等與衆生 當生極樂國

동견무량수 개공성불도
同見無量壽 皆共成佛道

* 「광명진언」은 비로자나불의 진언으로 부처님의 한량없는 자비와 지혜의 대광명으로 살아 있는 이와 죽은 이 모두에게 새로운 태어남을 얻게 하는 신령한 힘을 지니고 있으며, 「발일체업장 근본득생정토 다라니」는 수없는 세월 동안 육도윤회하며 지어 온 일체 업장을 소멸하고 극락세계(정토)에 왕생하게 하는 근본 다라니이다. 「아미타불 종자 진언」을 외우면 모든 재난과 질병이 없어지고 목숨이 다한 뒤 극락세계에 상품상생하며, 세간과 출세간의 큰 소원을 바라는 대로 이룰 수 있다 한다.

정토예경(淨土禮敬)

정토왕생을 발원하고 정토업을 닦는 행자는 매일 아침저녁으로 서쪽을 향하여 『아미타경』과 「광명진언」, 「발일체업장 근본득생정토 다라니」, 「아미타불 종자 진언」을 읽고, 이어서 「정토예경문」을 읽으며 극락정토 왕생을 발원하기에 소개한다. 부산 감로사를 비롯해 해인사, 칠보사, 보국사 등 자운 대율사가 염불만일회를 결성하고 정토업을 펼친 사찰들은 지금도 이 정토예경을 올리고 있다.

■ 정토예경문

향로에 향을 사르니
법계에 향기가 진동
부처님 회상에 퍼지어
가는 곳마다 상서구름
저희 뜻 간절하오니
부처님 강림하소서.

지심귀명례　　사토묘의처　　석가문여래　　복지장엄신
至心歸命禮　　四土妙依處　　釋迦文如來　　福智莊嚴身

　　　　　　변법계제불
　　　　　　偏法界諸佛

지심귀명례　　상적광정토　　아미타여래　　청정묘법신
至心歸命禮　　常寂光淨土　　阿彌陀如來　　淸淨妙法身

변법계제불
徧法界諸佛

지심귀명례　　실보장엄토　　아미타여래　　미진상호신
至心歸命禮　　實報莊嚴土　　阿彌陀如來　　微塵相好身

변법계제불
徧法界諸佛

지심귀명례　　방편성거토　　아미타여래　　해탈상엄신
至心歸命禮　　方便聖居土　　阿彌陀如來　　解脫相嚴身

변법계제불
徧法界諸佛

지심귀명례　　서방안락토　　아미타여래　　대승근계신
至心歸命禮　　西方安樂土　　阿彌陀如來　　大乘根界身

변법계제불
徧法界諸佛

지심귀명례　　서방안락토　　아미타여래　　시방화왕신
至心歸命禮　　西方安樂土　　阿彌陀如來　　十方化往身

변법계제불
徧法界諸佛

지심귀명례　　서방병차토　　제불보살중　　연설경율론
至心歸命禮　　西方并此土　　諸佛菩薩衆　　演說經律論

일체 달 마 야
一切達磨耶

지 심 귀 명 례 　 서 방 안 락 토 　 관 세 음 보 살 　 만 억 자 금 신
至心歸命禮 　 西方安樂土 　 觀世音菩薩 　 萬億紫金身

변 법 계 보 살
徧法界菩薩

지 심 귀 명 례 　 서 방 안 락 토 　 대 세 지 보 살 　 무 변 광 지 신
至心歸命禮 　 西方安樂土 　 大勢至菩薩 　 無邊光智身

변 법 계 보 살
徧法界菩薩

지 심 귀 명 례 　 서 방 안 락 토 　 청 정 대 해 중 　 만 분 이 엄 신
至心歸命禮 　 西方安樂土 　 淸淨大海衆 　 滿分二嚴身

변 법 계 보 살
徧法界菩薩

지 심 귀 명 례 　 대 지 사 리 불 　 아 난 지 법 자 　 제 대 성 문 중
至心歸命禮 　 大智舍利弗 　 阿難持法者 　 諸大聲聞衆

연 각 현 성 승
緣覺賢聖僧

바라옵나니 서방정토에 나되

상품연꽃을 부모로 삼고

부처님 뵙고 무생법인 이루어

불퇴전 보살과 도반 되어지이다.

■ 연지대사서방원문 蓮池大師西方願文

극락세계에 계시사 중생을 이끌어 주시는 아미타불께 귀의하옵고 그 세계에 가서 나기를 발원하옵나니, 자비하신 원력으로 굽어살펴 주옵소서.

저희들이 네 가지 은혜 끼친 이와 삼계 중생을 위해 부처님의 위없는 도를 이루려는 정성으로 아미타불의 거룩하신 명호를 불러 극락세계에 왕생하기를 원하나이다. 업장은 두터운데 복과 지혜 옅사와, 때 묻은 마음 물들기 쉽고 깨끗한 공덕 이루기 어려워, 이제 부처님 앞에 지극한 정성으로 예배하고 참회하나이다.

저희들이 아득한 옛적부터 오늘에 이르도록 몸과 말과 생각으로 한량없이 지은 죄와 무수히 맺은 원결 모두 다 풀어 버리고, 이제 서원을 세워 나쁜 짓 멀리하여 다시 짓지 아니하고 보살도 항상 닦아 물러나지 아니하며, 정각을 이루어서 중생을 제도하려 하옵니다.

아미타 부처님이시여, 대자대비하신 원력으로 저를 증명하시고 가엾이 여기사 가피를 내리소서. 삼매에서나 꿈속에서나 거룩한 상호를 뵙게 하시고, 아미타불의 장엄하신 국토에 다니면서 감로로 뿌려 주시고 광명으로 비춰 주시며 손으로 쓰다듬어 주시고 가사로 덮어 주심 입사와, 업장은 소멸되고 선근은 자라나며 번뇌는 없어지고 무명은 깨어져, 원각의 묘한 마음 뚜렷하게 열리옵고 극락세계가 항상 앞에 나타나게 하옵소서. 그리고 이 목숨 마칠 때에 갈 시간 미리 알아 여러 가지 병고액난 이 몸에서 사라지고 탐·진·치 온갖 번뇌 씻은 듯이 없어져 육근이 화락하고 한 생각 분명하여 이 몸을 버리옵기 정에 들듯 하여지이다.

아미타불께서 관음·세지 두 보살과 성중을 데리시고 광명 놓아 맞으시며 손들어 이끄시어, 높고 넓은 누각과 아름다운 깃발과 맑은 향기, 천상 음악, 거룩한 서방정토 눈앞에 나타나면, 보는 이와 듣는 이들 기쁘고 감격하여 위없는 보리심을 내게 하여지이다.

그때, 이 내 몸도 금강대에 올라앉아 부처님 뒤를 따라 극락정토 나아가서, 칠보로 된 연못 속에 상품상생 하온 뒤에 불보살 뵈옵거든, 미묘한 법문 듣고 무생법인 증득하여 부처님 섬기옵고 수기를 친히 받아 삼신三身·사지四智·오안五眼·육통六通·백천 다라니와 온갖 공덕을 원만하게 갖추어지이다.

그런 다음 극락세계를 떠나지 아니하고 사바세계에 다시 돌아와 한량없는 분신分身으로 시방세계 다니면서, 여러 가지 신통력과 갖가지 방편으로 무량중생 제도하여, 삼독 번뇌 여의옵고 청정한 본심으로 극락세계 함께 가서 물러나지 않는 자리에 들게 하여지이다.

세계가 끝이 없고 중생이 끝이 없고 번뇌 업장 또한 끝이 없사오니 이내 서원도 끝이 없나이다.

저희들이 지금 예배하고 발원하여 닦아 지닌 공덕을 온갖 중생에게 두루 베풀어 네 가지 은혜 골고루 갚사옵고 삼계 중생을 모두 제도하여 다 같이 일체 종지를 이루게 하여지이다.

■ **정념게** 正念偈

저희들 제자는 미혹한 범부로서 죄업이 지중하여 육도에 윤회하매 그 괴로움은 이루 다 말할 수 없었나이다. 그러나 다행히도 이제 선지식을 만나, 아미타불의 명호와 공덕을 듣고 일심으로 염불하여 왕생하기를 원하옵나니, 바라건대 자비를 드리우사 가엾이 여겨 거두어 주옵소서.

어리석은 저는 부처님 몸의 상호와 광명을 알지 못하오니, 원컨대 나투시어 저로 하여금 친견하게 하옵소서. 그리고 관세음과 대세지 여러 보살을 뵙게 하시고, 서방정토의 청정한 장엄과 광명과 미묘한 형상들을 역력히 보게 하여 주옵소서.

■ **찬불게** 讚佛偈

아미타 부처님의 몸은 황금빛
그 몸매와 그 광명 짝할 이 없어.

미간 백호 도는 모양 다섯 수미산
맑은 눈 깨끗하기 네 바다 같네.
광명 속 화신불 한량이 없고,
화신 보살 대중도 그지 없으사
사십팔 큰 원으로 중생 건지니
구품으로 모두 다 저 언덕 가네.
나무 서방극락세계 대자대비 아미타불
나무 아미타불(형편에 따라 백·천·만 번)
나무 관세음보살(3번)
나무 대세지보살(3번)
나무 청정대해중보살(3번)

■ **회향게** 廻向偈

이 내 몸 임종 때에 장애가 없고
아미타불 왕림하여 나를 맞으며
관세음은 내 머리에 감로 뿌리고
대세지의 금련대에 발을 얹고서
이 흐린 세상 한 찰나에 떠나고
팔 한 번 펼 동안에 정토에 나서
연꽃이 피는 때에 부처님 뵙고
설법하는 음성을 듣자오리다.

법문 듣고 무생법인 증득한 뒤에
극락세계 안 떠나고 사바에 와서
방편을 잘 알아 중생 건지고
걸림 없는 지혜로 불사 지으리.
부처님 저의 마음 아시오리니
오는 세상 이 소원 이루어지이다.
시방삼세 일체불
제존보살 마하살
마하반야 바라밀

아미타 부처님의 48대원

1. 무삼악취원 無三惡趣願

제가 부처가 될 적에, 그 나라에 지옥과 아귀와 축생의 삼악도가 있다면 저는 차라리 부처가 되지 않겠나이다.

2. 불갱악취원 不便惡趣願

제가 부처가 될 적에, 그 나라의 중생이 수명이 다한 뒤에 다시 삼악도에 떨어지는 일이 있다면, 저는 차라리 부처가 되지 않겠나이다.

3. 실개금색원 悉皆金色願

제가 부처가 될 적에, 그 나라의 중생이 몸에서 찬란한 금색 광명이 빛나지 않는다면, 저는 차라리 부처가 되지 않겠나이다.

4. 무유호추원 無有好醜願

제가 부처가 될 적에, 그 나라의 중생의 모양이 한결같이 훌륭하지 않고, 잘나고 못난 이가 따로 있다면, 저는 차라리 부처가 되지 않겠나이다.

5. 숙명통원 宿命通願

제가 부처가 될 적에, 그 나라의 중생이 숙명통宿命通을 얻어 백천억 나유타 겁의 옛일들을 알지 못한다면, 저는 차라리 부처가 되지 않겠나이다.

6. 천안통원 天眼通願

제가 부처가 될 적에, 그 나라의 중생이 천안통天眼通을 얻어 백천억 나유타의 모든 세계를 볼 수 없다면, 저는 차라리 부처가 되지 않겠나이다.

7. 천이통원 天耳通願

제가 부처가 될 적에, 그 나라의 중생이 천이통天耳通을 얻어 백천억 나유타의 많은 부처님의 설법을 듣고, 그 모두를 간직할 수 없다면, 저는 차라리 부처가 되지 않겠나이다.

8. 타심통원 他心通願

제가 부처가 될 적에, 그 나라의 중생이 타심통他心通을 얻어 백천억 나유타의 모든 국토에 있는 중생의 마음을 알지 못한다면, 저는 차라리 부처가 되지 않겠나이다.

9. 신족통원 神足通願

제가 부처가 될 적에, 그 나라의 중생들이 신족통神足通을 얻어 순식간에 백천억 나유타의 모든 나라를 지나가지 못한다면, 저는 차라리 부처가 되지 않겠나이다.

10. 누진통원 漏盡通願

제가 부처가 될 적에, 그 나라의 중생이 모든 번뇌를 여의는 누진통漏盡通을 얻지 못하고 망상을 일으켜 자신에 집착하는 분별이 있다면, 저는 차라리 부처가 되지 않겠나이다.

11. 지심멸도원 至心滅道願

제가 부처가 될 적에, 그 나라의 중생이 만약 성불하는 정정취正定聚에 머물지 못하고, 필경에 열반을 얻지 못한다면, 저는 차라리 부처가 되지 않겠나이다.

12. 광명무량원 光明無量願

제가 부처가 될 적에, 저의 광명이 한계가 있어서 백천억 나유타의 모든 불국토를 비출 수가 없다면, 저는 차라리 부처가 되지 않겠나이다.

13. 수명무량원 壽命無量願

제가 부처가 될 적에, 저의 수명에 한정이 있어서 백천억 나유타 겁 동안만 살 수 있다면, 저는 차라리 부처가 되지 않겠나이다.

14. 성문무수원 聲聞無數願

제가 부처가 될 적에, 그 나라 성문들의 수효가 한량이 있어서 삼천대천세계의 성문과 연각들이 백천 겁 동안 세어서 그 수를 알 수 있는 정도라면, 저는 차라리 부처가 되지 않겠나이다.

15. 권속장수원 眷屬長壽願

제가 부처가 될 적에, 그 나라 중생의 수명이 한량이 없으리니, 다만 그들이 중생 제도의 서원에 따라 수명의 길고 짧음을 자재할 수 있을지언정 만약 그 수명에 한정이 있다면, 저는 차라리 부처가 되지 않겠나이다.

16. 무제불선원 無諸不善願

제가 부처가 될 적에, 그 나라의 중생이 좋지 않은 일은 물론이요, 나쁜 이름이라도 있다면, 저는 차라리 부처가 되지 않겠나이다.

17. 제불칭양원 諸佛稱揚願

제가 부처가 될 적에, 시방세계의 헤아릴 수 없는 모든 부처님이 저의 이름을 찬양하지 않는다면, 저는 차라리 부처가 되지 않겠나이다.

18. 염불왕생원 念佛往生願

제가 부처가 될 적에, 시방세계의 중생이 저의 나라에 태어나고자 신심과 환희심을 내어 제 이름을 다만 열 번만 불러도 제 나라에 태어날 수 없다면, 저는 차라리 부처가 되지 않겠나이다.

19. 임종현전원 臨終現前願

　제가 부처가 될 적에, 시방세계의 중생이 보리심을 일으켜 모든 공덕을 쌓고, 지성으로 저의 불국토에 태어나고자 원을 세울 제, 그들의 임종 시에 제가 대중과 함께 그들을 마중할 수 없다면, 저는 차라리 부처가 되지 않겠나이다.

20. 식제덕본원 植諸德本願

　제가 부처가 될 적에, 시방세계의 중생이 제 이름을 듣고 저의 불국토를 흠모하여 많은 선근 공덕을 쌓고, 지성으로 저의 나라에 태어나고자 마음을 회향할 제, 그 목적을 이루지 못한다면, 저는 차라리 부처가 되지 않겠나이다.

21. 삼십이상원 三十二相願

　제가 부처가 될 적에, 그 나라의 중생이 모두 32대인상大人相의 훌륭한 상호相好를 갖추지 못한다면, 저는 차라리 부처가 되지 않겠나이다.

22. 필지보처원 必至補處願

　제가 부처가 될 적에, 다른 불국토의 보살들이 제 나라에 와서 태어난다면, 필경에 그들은 한 생生만 지나면 반드시 부처가 되는 일생보처의 자리에 이르게 되오리다. 다만 그들의 소원에 따라 중생을 위하여 서원을 세우고 선근 공덕을 쌓아 일체중생을 제도하고, 또는 모든 불국토에 다니며 보살의 행을 닦아 시방세계의 여러 부처님을 공양하고, 또한 한량없는 중생을 교화하여 위없이 바르고 참다운 가르침을 세우고자 예사로운 순탄한 수행을 초월하여 짐짓 보현보살의 공덕을 닦으려 하는 이들은 자재로 그 원행에 따를 것이오나, 다른 보살들이 일생보처에 이르지 못한다면, 저는 차라리 부처가 되지 않겠나이다.

23. 공양제불원 供養諸佛願

제가 부처가 될 적에, 그 나라의 보살들이 부처님의 신통력을 입고 모든 부처님을 공양하기 위하여 한참 동안에 헤아릴 수 없는 모든 불국토에 두루 이를 수가 없다면, 저는 차라리 부처가 되지 않겠나이다.

24. 공구여의원 供具如意願

제가 부처가 될 적에, 그 나라의 보살들이 모든 부처님에게 공양 드리는 공덕을 세우려 할 제, 그들이 바라는 모든 공양하는 물건을 마음대로 얻을 수 없다면, 저는 차라리 부처가 되지 않겠나이다.

25. 설일체지원 說一切智願

제가 부처가 될 적에, 그 나라의 보살들이 부처님의 일체 지혜를 연설할 수 없다면, 저는 차라리 부처가 되지 않겠나이다.

26. 나라연신원 那羅延身願

제가 부처가 될 적에, 그 나라의 보살들이 천상의 금강역사 金剛力士인 나라연과 같은 견고한 몸을 얻지 못한다면, 저는 차라리 부처가 되지 않겠나이다.

27. 소수엄정원 所須嚴淨願

제가 부처가 될 적에, 그 나라의 중생과 일체 만물은 정결하고 찬란하게 빛나며 그 모양이 빼어나고 지극히 미묘함을 능히 칭량할 수 없으리니, 만약 천안통을 얻은 이가 그 이름과 수효를 헤아릴 수 있다면, 저는 차라리 부처가 되지 않겠나이다.

28. 견도양수원 見道揚樹願

제가 부처가 될 적에, 그 나라의 보살들을 비롯하여 공덕이 적은 이들까지도 그 나라의 보리수가 한없이 빛나고 그 높이가 사백만 리나 되는 것을 알아보지 못한다면, 저는 차라리 부처가 되지 않겠나이다.

29. 득변재지원 得辯才智願

제가 부처가 될 적에, 그 나라의 보살들이 스스로 경을 읽고 외우며 또한 남에게 설법하는 변재와 지혜를 얻을 수 없다면, 저는 차라리 부처가 되지 않겠나이다.

30. 지변무궁원 智辯無窮願

제가 부처가 될 적에, 그 나라 보살들의 지혜와 변재가 한량이 있다면, 저는 차라리 부처가 되지 않겠나이다.

31. 국토청정원 國土淸淨願

제가 부처가 될 적에, 그 불국토가 한없이 청정하여 시방일체의 무량무수한 모든 부처가 세계를 모두 낱낱이 비춰 봄이 마치 맑은 거울로 얼굴을 비춰 보는 것과 같지 않다면, 저는 차라리 부처가 되지 않겠나이다.

32. 보향합성원 寶香合成願

제가 부처가 될 적에, 지상이나 허공에 있는 모든 궁전이나 누각이나 흐르는 물이나 꽃과 나무나 나라 안에 있는 일체만물은 모두 헤아릴 수 없는 보배와 백 천 가지의 향으로 이루어지고, 그 장엄하고 기묘함이 인간계나 천상계에서는 비교할 수 없으며, 그 미묘한 향기가 시방세계에 두루 풍기면 보살들은 그 향기를 맡고 모두 부처님의 행을 닦게 되리니, 만약 그렇지 않다면 저는 차라리 부처가 되지 않겠나이다.

33. 촉광유연원 觸光柔軟願

제가 부처가 될 적에, 시방세계의 한량없고 불가사의한 모든 불국토의 중생으로서 저의 광명이 그들의 몸에 비치어 접촉

한 이는 그 몸과 마음이 부드럽고 상냥하여 인간과 천상을 초월하리니, 만약 그렇지 않다면 저는 차라리 부처가 되지 않겠나이다.

34. 문명득인원 聞名得忍願

제가 부처가 될 적에, 시방세계의 헤아릴 수 없고 불가사의한 모든 부처님 세계의 중생이 제 이름을 듣고 보살의 무생법인無生法忍과 깊은 지혜 공덕인 다라니 법문을 얻을 수 없다면, 저는 차라리 부처가 되지 않겠나이다.

35. 여인성불원 女人成佛願

제가 부처가 될 적에, 시방세계의 헤아릴 수 없고 불가사의한 부처님 세계의 여인들이 제 이름을 듣고 환희심을 내어 보리심을 일으키고 여자의 몸을 싫어한 이가 목숨을 마친 후에 다시금 여인이 된다면, 저는 차라리 부처가 되지 않겠나이다.

36. 상수범행원 常修梵行願

제가 부처가 될 적에, 시방세계의 헤아릴 수 없고 불가사의한 모든 부처님 세계의 보살이 제 이름을 듣고 수명이 다한 후에도 만약 청정한 수행을 할 수 없고 필경에 성불하지 못한다면, 저는 차라리 부처가 되지 않겠나이다.

37. 인천치경원 人天致敬願

제가 부처가 될 적에, 시방세계의 헤아릴 수 없고 불가사의한 모든 부처님 세계의 중생이 제 이름을 듣고 땅에 엎드려 부처님을 예배하며 환희심과 신심을 내어 보살행을 닦을 제, 모든 천신과 인간이 그들을 공경하지 않는다면, 저는 차라리 부처가 되지 않겠나이다.

38. 의복수념원 衣服隨念願

제가 부처가 될 적에, 그 나라의 중생이 의복을 얻고자 하면 생각하는 대로 바로 훌륭한 옷이 저절로 입혀지게 되는 것이 마치 부처님이 찬탄하시는 가사가 자연히 비구들의 몸에 입혀지는 것과 같으리니, 만약 그렇지 않고 바느질이나 다듬이질이나 물들이거나 빨래할 필요가 있다면, 저는 차라리 부처가 되지 않겠나이다.

39. 수락무염원 受樂無染願

제가 부처가 될 적에, 그 나라의 중생이 누리는 상쾌한 즐거움이 일체 번뇌를 모두 여읜 비구와 같지 않다면, 저는 차라리 부처가 되지 않겠나이다.

40. 견제불토원 見諸佛土願

제가 부처가 될 적에, 그 나라의 보살들이 시방세계의 헤아릴 수 없는 청정한 불국토를 보고자 하면 그 소원대로 보배나무에서 모두 낱낱이 비춰 보는 것이 마치 맑은 거울에 그 얼굴을 비춰 보는 것과 같으리니, 만일 그렇지 않다면 저는 차라리 부처가 되지 않겠나이다.

41. 제근구족원 諸根具足願

제가 부처가 될 적에, 다른 세계의 여러 보살이 제 이름을 듣고 부처님이 될 때까지 육근이 원만하리니, 만약 그렇지 않다면 저는 차라리 부처가 되지 않겠나이다.

42. 주정공불원 住定供佛願

제가 부처가 될 적에, 다른 세계의 보살들 중 제 이름을 들은 이는 모두 청정한 해탈삼매를 얻을 것이며, 매양 이 삼매에 머물러 한 생각 동안에 헤아릴 수 없고 불가사의한 모든 부처님을 공양하고도 오히려 삼매를 잃지 않으리니, 만일 그렇지 않다면 저는 차라리 부처가 되지 않겠나이다.

43. 생존귀가원 生尊貴家願

제가 부처가 될 적에, 다른 세계의 보살들이 제 이름을 듣고도 수명이 다한 후에 존귀한 집에 태어나지 않는다면, 저는 차라리 부처가 되지 않겠나이다.

44. 구족덕본원 具足德本願

제가 부처가 될 적에, 다른 세계의 보살들이 제 이름을 듣고 한없이 기뻐하며 보살행을 닦아서 모든 공덕을 갖추리니, 만일 그렇지 않다면 저는 차라리 부처가 되지 않겠나이다.

45. 주정구불원 住定具佛願

제가 부처가 될 적에, 다른 세계의 보살들이 제 이름을 들으면 그들은 모든 부처님을 두루 뵈올 수 있는 삼매를 얻을 것이며, 매양 이 삼매에 머물러 성불하기까지 언제나 불가사의한 모든 부처님을 뵈올 수 있으리니, 만일 그렇지 않다면 저는 차라리 부처가 되지 않겠나이다.

46. 수의문법원 隨意聞法願

제가 부처가 될 적에, 그 나라의 보살들은 듣고자 하는 법문을 소원대로 자연히 들을 수 있으리니, 만약 그렇지 않다면 저는 차라리 부처가 되지 않겠나이다.

47. 득불퇴전원 得不退轉願

제가 부처가 될 적에, 다른 세계의 보살들이 제 이름을 듣고 나서 일체 공덕이 물러나지 않는 불퇴전의 자리에 이를 수 없다면, 저는 차라리 부처가 되지 않겠나이다.

48. 득삼법인원 *得三法忍願*

　　제가 부처가 될 적에, 다른 세계의 보살들이 제 이름만 듣고 바로 설법을 듣고 깨닫는 음향인音響忍과 진리에 수순하는 유순인柔順忍과 나지도 죽지도 않는 도리를 깨닫는 무생법인無生法忍을 성취하지 못하고 모든 불법에서 물러나지 않는 불퇴전의 자리를 얻을 수 없다면, 저는 차라리 부처가 되지 않겠나이다.

나무아미타불 예찬

염불의 공덕

■ 염불하는 사람의 열 가지 공덕

염불하는 사람은 현세와 내세에서 다음과 같이 열 가지의 공덕을 얻는다고 한다.

1. 모든 하늘의 큰 힘 있는 신장과 권속이 밤낮으로 염불하는 사람을 보호해 준다.
2. 관세음보살과 같은 스물여덟 분의 큰 보살과 일체 보살이 항상 염불하는 사람을 따라서 지켜 보호한다.
3. 모든 부처님이 항상 염불하는 사람을 호념하시고 아미타불이 광명을 놓으셔서 섭수하신다.
4. 일체 악귀가 침범치 못한다.
5. 모든 재난에서 구원을 받으며 비명에 죽지 않는다.
6. 이미 지은 죄가 모두 사라져 없어진다.
7. 꿈자리가 맑아지고 아미타불을 친견할 수 있다.

8. 마음이 항상 기쁘고 모든 일이 길하다.

9. 모든 사람이 부처님께 공양 예배하는 것과 같이 염불하는 사람에게도 공경 예배한다.

10. 임종 시에 마음에 어두운 생각이 없어지고 정염이 앞에 나타나서 아미타불의 영접을 받아 극락에 왕생한다.

경에 의하면 염불하는 사람의 사십 리 밖까지 광명의 몸빛이 있어 마가 침범치 못한다 하였고 또한 염불하는 사람의 몸빛을 받거나 염불하는 사람의 옷깃을 스치고 나간 바람이 사십 리나 떨어져 있는 사람에게 스치기만 하여도 염불한 사람의 공덕으로 악덕에 떨어지지 아니하고 마침내 발심하여 정토에 왕생하게 된다고 한다.

■ 수승한 염불 공덕

『지장십륜경』에서는 일백 겁 동안 관세음보살 명호를 염불하는 것이 한 식경 동안 지장보살 명호를 염불하는 것만 못하다 하였고, 『석정토군의론』에서는 여러 겁 동안 지장보살 명호를 염불하는 것이 아미타불의 명호를 일성—聲 염불하는 것만 못하다 하였다.

『귀원직지』에 사천하의 칠보로서 불보살과 성문, 연각 등에 공양하는 것이 다른 사람에게 염불 일성을 권하는 것만 못하다

하였다.

『낙방문류』에 의하면 어떤 사람이 음식과 의복, 물건으로써 삼천대천세계에 있는 모든 아라한이나 벽지성인에게 공양하는 것이 합장하고 염불 한 마디 부르는 것만 못하다 하였다.

『열반경』에서는 한 달 동안을 의식으로써 일체중생에게 공양하는 것이 한 마디 염불하는 것만 못하다 하였다.

■ 나무아미타불 육 자 명호 자체 공덕

'나무아미타불' 여섯 자 명호 염불의 공덕은 다음과 같다.

'나', 항하사의 수처럼 여러 겁 동안 수행의 공덕을 구족하였다.

'무', 돌아가신 칠대까지의 조상이 괴로움을 면하고 즐거움을 얻게 된다.

'아', 삼십삼천 태허가 진동한다.

'미', 무량겁 동안 생사를 윤회하면서 지은 죄업이 일시에 없어진다.

'타', 팔만사천 마군이 없어진다.

'불', 팔만사천 무명업식이 한꺼번에 없어진다.

염불을 권하는 경전의 말씀

■ 『아미타경』

사리불아, 만약에 선남자 선여인이 아미타불에 대한 말씀을 듣고 명호名號를 잡아 지녀 혹은 1일 혹은 2일, 3일, 4일, 5일, 6일, 7일 동안 한 마음이 흐트러지지 아니하면, 그 사람이 죽음에 이르는 때에 아미타 부처님이 여러 성중과 함께 그 앞에 나타나시니라. 이 사람은 목숨이 다하는 때에도 마음이 뒤바뀌지 아니하니 아미타불의 극락국토에 곧장 왕생하게 되느니라.

■ 『반주경』

만약에 어떤 사람이 아미타불의 명호를 듣고 1일 동안 염불하고 2일에도 생각을 끊이지 않고 계속하면 아미타불이 앞에 나타나 곧 왕생한다.

■ 『무량수경』

아미타불을 염하는 마음을 꼭 잡고 끊이지 않으면 곧 왕생한다.

■ 『대비경』

낮과 밤으로 부처님의 명호를 부르고 주위 사람들에게 서로 권하면 함께 왕생한다.

■ 『대보적경』

열 번 생각하면서 저 무량수불을 부르면 죽음을 맞이할 때 꿈에 부처님이 나타나 극락세계에 태어날 것임을 결정해 준다.

■ 『관무량수경』

오역죄를 짓고 지옥에 떨어질 중생이 지옥의 불길이 앞에 나타날 때 열 번 아미타불을 부르면 곧 왕생한다.

■ 『대법고경』

임종 시에 능히 부처님을 관하거나 염불하지 않았으나 아미타 부처님이 계신다는 것을 알고만 있어도 곧 왕생한다.

■ 『법화경』

한 번 부처님의 명호를 부르면 이미 불도를 이룬 것이나 다름없다.

■ 『결의경』

말법 시대 일만 년 동안은 염불하는 것이 가장 견고한 수행이다.

■ 『월장경』

나의 가르침의 말법 시대에도 수많은 중생이 행을 일으켜 도를 닦을 것이지만 마지막에는 한 가지 얻을 것이 있을 터인데 그것은 오직 염불의 한 문이니라. 가히 통하여 그 길에 들어서서 염불을 하여 극락세계에 태어나기를 구하면 만 명 가운데 한 명도 실패하지 않을 것이다.

■ 『불성경』

　　항상 보살이 있는데 한 분은 관세음이라 하고 또 한 분은 대세지라고 이름한다. 오색 구름 위에 여섯 개의 이빨을 한 흰 코끼리를 타고 때때로 연화대에서 염불하는 사람들을 맞이하여 극락에 태어나 자연히 즐겁게 한다.

염불 권하는 선지식의 말씀

■ 문수보살

내가 임종할 때 모든 마장 없어지고 극락세계 왕생하여 모든 소원 성취하고 그 자리에서 아미타불께 수기를 받기 원합니다.

『문수반야경』

■ 보현보살

원하옵나니 이 목숨 다하려 할 때 모든 업장, 모든 장애 다 없어져서 찰나 중에 아미타불 친견하옵고 그 자리에서 극락세계 얻어지이다. 내가 지은 수승한 보현의 행과 원, 가없는 수승한 복 회향하오니 바라건대 고해 중의 모든 중생이 하루속히 극락세계 얻어지이다.

『화엄경』「보현행원품」

■ 세친 보살

염불은 부처님의 무량공덕과 근본서원을 확신하는 수행이기 때문에, 불보살님과 감응하고 불보살님의 가피를 입어, 마치 순풍에 돛단배와 같이 수행하기 쉽고 성불하기 쉬운 행법이다.

마음속에 아미타불과 극락세계의 거룩하고 뛰어남을 역력하게 그리면서 예경하라. 아미타불의 원만하신 덕과 극락세계의 수승한 장엄을 찬탄하면서 소리 내어 부처님의 명호를 부르라. 일심으로 극락세계에 태어나서 아미타불의 품에 안길 것을 서원하라. 아미타불의 공덕과 극락세계의 장엄을 높고 밝은 지혜로 분명하게 마음으로 관하라. 위의 네 가지 염불 수행에서 오는 모든 공덕을 널리 일체중생에게 들여서 그들과 함께 모든 고통을 여의고 극락세계에 태어날 것을 발원하라.

『정토론』

■ 육조 혜능 선사

육조 혜능 선사의 제자들이 염불 수행을 하던 선도라는 대사를 보고, 혜능 선사에게 여쭈었다.

"스님, 우리들은 죽도록 참선만 하는데 저들은 염불만 하니 무슨 이익이 있어서 하는 겁니까?"

혜능 대사는 다음과 같이 대답하였다.

일구미타무변엄(一句彌陀無變念)

불로탄지도서방(不勞彈指到西方)

일념으로 믿고 나무아미타불을 한 번 염불하면

손가락 퉁기는 힘도 들일 것 없이 서방정토에 태어난다.

성불에 이르는 방편이 다를 뿐 수행 방편의 우열은 없으며, 다만 염불이 성불하기 위한 가장 빠르고 쉬운 길임을 일러준 것이다.

■ 영명 연수 선사

유선유정토(有禪有淨土)

유여재호각(猶如載虎角)

현세위인사(現世爲人師)

장래작불조(將來作佛祖)

확철대오하고 정토발원도 있다면

마치 이마에 뿔 달린 호랑이처럼

현세에는 여러 사람의 스승이 되고

장래에는 부처나 조사가 될 것이로다.

무선유정토(無禪有淨土)

만수만인거(萬修萬人去)

단득견미타(但得見彌陀)

하수불개오(何愁不開悟)

확철대오하지 못했더라도 정토발원이 있다면

만 사람이 닦으면 만 사람 모두 왕생하리니

다만 아미타 부처님을 뵈옵게 된다면

어찌 깨닫지 못할까 근심하리오.

유선무정토(有禪無淨土)

십인구차로(十人九蹉路)

음경약현전(陰境若現前)

별이수타거(瞥爾隨他去)

확철대오는 했더라도 정토발원이 없다면

열 명 중에 아홉 명은 옆길로 새 버리게 되리니

만약 임종 시 저승세계가 나타나면

순식간에 끌려가 버리게 되고 말 것이로다.

무선무정토(無禪無淨土)

철상병동주(鐵牀倂銅柱)

만겁여천생(萬劫與千生)

몰개인의호(沒箇人依怙)

확철대오도 못하고 정토발원도 없다면

지옥의 쇠 침대와 구리 기둥을 껴안고서

수억만 겁, 수천만 생을 지나도록
믿고 의지할 사람 하나도 없으리로다.

「사료간四料簡」

■ 인광 대사

임종할 때 반드시 극락세계에 왕생하겠다는 결연한 마음을
평소 굳게 지녀야 한다. 설령 평범한 사람의 몸이 아닌 인간이나
천상의 왕, 또는 스님의 몸을 내세에 받고 싶다는 발원을 해서도
안 된다.

■ 원효 스님

만약에 어떤 사람이 실로 의심을 버리지 못하고 알지 못했
다고 하더라도 스스로를 돌아보라. 마음이 열리지 못했다고 하
더라도, 오로지 여래만을 우러러 한결같은 마음으로 엎드려 믿
어라. 이와 같은 사람은 그 행업에 따라 반드시 마음이 열릴 것
이니라. 결코 삿되지는 않으리라.

『무량수경종요』

■ 나옹 화상

아미타 부처님 어디에 계시는가?
마음 머리에 잡아 두고 간절히 잊지 마라.
생각하여 생각이 다한 무념처에 이르면
육문에 언제나 자주 금빛 발하리라.

■ 서산 대사

마명과 용수보살이 다 높은 조사이시면서 염불왕생을 권장
하였는데, 내가 무엇이기에 염불을 안 할까 보냐.

『선가귀감』

육조 혜능 스님께서 "부처는 자기 성품 속에서 이룰 것이지
자기 밖에서 구하지 마라."라고 가르치신 바가 있다. 그러나 이
말씀은 본심本心을 바로 가르친 것이다.

이치대로만 말한다면 참으로 그렇지만 현상으로는 아미타
불의 사십팔원四十八願이 분명히 있고, 극락세계가 확실히 있는 것
이다.

그러므로 누구나 일심으로 열 번만 염불하는 이도 그 원의
힘으로 연꽃 태 속에 가서 나고 쉽사리 윤회에서 벗어난다는 것
을 삼세의 부처님들이 다 같이 말씀하시고, 시방세계의 보살들
도 모두 그곳에 태어나기를 발원했던 것이다.

더구나 옛날이나 지금이나 극락세계에 왕생한 사람들의 행적이 분명하게 전해 오고 있으니 공부하는 이들이 잘못 알아서는 아니 된다.

아미타阿彌陀란 우리말로 '끝없는 목숨無量壽' 또는 '끝없는 광명無量光'이란 뜻으로, 시방삼세에 첫째가는 부처님의 명호이다. 수행 시의 이름은 법장 비구였다. 세자재왕世自在王 부처님 앞에서 마흔여덟 가지 원을 세우고 말하기를 "제가 성불할 때에는 시방세계의 무수한 하늘과 인간들은 더 말할 것도 없고, 작은 벌레까지도 일심으로 제 이름을 열 번만 부를지라도 반드시 저의 세계에 와서 나게 하여지이다. 만약 이 원이 이루어지지 못한다면 저는 성불하지 않겠습니다."라고 하였다.

옛 어른이 말씀하기를 "염불 한 소리에 악마들은 간담이 서늘해지고, 그 이름이 저승의 문서에서 지워지며 연꽃이 금 못[金池]에 나온다." 하였으며, 또한 "어린애가 물이나 불에 쫓기어 큰 소리로 부르짖게 되면 부모들이 듣고 급히 달려와 구원하는 것과 같이 사람이 임종할 때에 큰 소리로 염불하면 부처님은 신통을 갖추었으므로 반드시 오셔서 맞아 갈 것이다. 부처님의 자비는 부모보다 더 지극하고, 중생의 나고 죽는 고통은 물이나 불의 피해보다도 더 심하다." 하였다.

만일 누가 말하기를 "자기 마음이 정토淨土인데 새삼스레 정토에 가서 날 것이 무엇이며, 자기 성품이 아미타불인데 따로 아미타불을 보려고 애쓸 것이 무엇인가?"라 한다면, 이 말이 옳은 것 같지만 사실은 그렇지 않다. 저 부처님은 탐하거나 성내는 일이 없는데 그럼 나도 탐하거나 성내는 마음이 일지 않는가?

저 부처님은 지옥을 연화세계로 바꾸기를 손바닥 젖히듯 하신다는데 나는 죄업으로 지옥에 떨어질까 오히려 겁을 내면서 어찌 그걸 바꾸어 연화세계가 되게 한단 말인가?

저 부처님께서는 한량없는 세계를 눈앞에 놓인 듯 보시는데 우리는 담벼락 너머의 일도 모르면서 어떻게 시방세계를 눈앞에 본단 말인가. 그러므로 사람마다 성품은 비록 부처이지만 실제 행동은 중생이다. 그 이치와 현실을 말한다면 하늘과 땅 사이처럼 아득하다.

규봉 선사가 말하기를 "가령 단박 깨쳤다 할지라도 결국은 점차로 닦아 가야 한다."고 하였으니 참으로 옳은 말씀이다.

그러면 다시 자기 성품이 아미타불이라는 사람에게 물어보자. 어찌 천생으로 된 석가여래와 자연히 생긴 아미타불이 있는가? 스스로 헤아려 보면 그냥 저절로 알게 될 것이다.

임종을 당해 숨이 끊어지는 마지막 큰 고통이 일어날 때에 자유자재할 수 있겠는가? 만약 그렇지 못하다면 한때에 만용을 부리다가 길이 악도에 떨어지는 후회막급의 누를 범하지 말아야 할 것이다.

또한 마명 보살이나 용수 보살이 이미 다 조사이면서도 분명히 말씀하여 왕생하는 길을 간절히 권했거늘, 나는 어떤 사람이라고 왕생을 부정하겠는가?

'나무아미타불' 여섯 자 법문은 윤회를 벗어나는 지름길이다. 마음으로는 부처님의 세계를 생각하여 잊지 말고, 입으로는 부처님의 명호를 똑똑히 불러 산란하지 않아야 한다. 이와 같이 마음과 입이 서로 합치되는 것이 염불念佛이다.

제자 겸판선교사 도대선사 서산 대사는 극락교주 아미타불의 존용일정尊容一幀을 삼가 그리옵고 향을 사르고 정례하오며 대서원을 발하옵니다.

원하옵건데 저는 임종할 때에 죄업의 장애를 없애고 서방 대자존(大慈尊, 아미타불)의 금색 광명 속으로 나아가서 수기를 받자옵고, 미래 세상이 다할 때까지 중생을 건지겠나이다.

허공이 다하는 일이 있더라도 이 서원은 다하지 않을 것이오니, 시방세계의 모든 부처님은 증명을 하여 주옵소서.

『청허집淸虛集』 권4

■ 용성 진종龍城震鍾 조사

우리나라 근세 불교 정화淨化의 초조初祖인 용성 진종 대종사는 46세 시절인 서기 1909년己酉年 대한제국 순종 융희 3년 3월에 합천 가야산 해인사 원당암에서 미타회를 창설하여 염불수행 삼매현전念佛修行 三昧現前의 염불 수행을 향도하고, 참선수행 의단독로叅禪修行 疑團獨露와 염불수행 왕생정토念佛修行 往生淨土인 선정일치禪

淨一致를 창도_{唱導}하였다.

또한 스님은 계_戒로써 스승을 삼아_[以戒爲師] 참선_{參禪}·염불_{念佛}·간경_{看經}·주력_{呪力} 불사_{佛事}로 불교 5대 수행을 제창하였으며, 교육·교화를 통하여 온 겨레가 깨치지 못하면, 조국의 광복도 불교의 중흥도 어렵다는 신념으로 대각일요학교_{大覺日曜學校}를 설립하고 어린이 포교에도 박차를 가했다. 구태의연한 조선불교를 개혁하기 위해 의식_{儀式}과 염불을 우리말 찬불가_{讚佛歌}로 직접 작사하여 부르도록 하였다.

그중 총 29절에 이르는 〈왕생가_{往生歌}〉에는 남녀노소 누구나 염불을 통해 쉽게 불교에 섭수하도록 제도하려는 불법 홍포의 원력이 담겨 있음을 알 수 있다. 다음은 왕생가의 일부이다.

1. 부처님의 자비원력 나무아미타불
   도우시고 증명하사 나무아미타불
   일심으로 염불공덕 나무아미타불
   극락인도 하옵소서 나무아미타불
2. 삼계윤회 화택이오 나무아미타불
   육도왕래 고해로다 나무아미타불
   어서어서 크게 깨쳐 나무아미타불
   적광세계 수용하오 나무아미타불
3. 원각적멸 둘이 없어 나무아미타불
   처처극락 즐거워라 나무아미타불

항사세계 공화空華 같고 나무아미타불

백년광음 번개 같소 나무아미타불

4. 하늘나라 좋다 하나 나무아미타불

오쇠상五衰相이 나타나서 나무아미타불

복 다하면 타락되니 나무아미타불

생사윤회 못 면하오 나무아미타불

■ **자운 성우**慈雲盛祐 **율사**

근세 대율사이신 자운 스님은 해인사에서 염불만일회를 결사하여 관음전에서 정토왕생업을 닦았고, 『정토삼부경』, 『정토심요』 등의 저서를 내어 정토 수행을 널리 선양하였다. 또한 서울 보국사에서 대동염불회를 결사하여 정토 수행을 보급하였다. 스님께서는 평소 염불과 참회, 지계 수행으로 평생을 사시면서 스스로 상참괴승常慚愧僧이라 하며 일심으로 법답게 살았다.

스님은 선정율일치禪淨律一致 수행을 제창하고 경전과 율전의 한글 번역에 매진하여 『무량수경』, 『아미타경』, 『십육관경』, 『약사경』, 『자비도량참법』 등 21종에 이르는 경전과 율전의 한글본을 출간, 유포하셨다. 휴대하기 간편한 문고판의 출판에도 심혈을 기울여 『불설불명경』, 『불정존승다라니경』, 『원각경 보안보살장』, 『보현행원품』, 『십육대아라한예찬』, 『삼시계념불사』, 『정토예경』, 『정토법요』 등을 간행하여 언제 어디서든 독경하고 예참

할 수 있도록 유통불사를 행하셨으며, 『미타예찬』, 『정토의범』, 『제경정화』 등 9만여 부를 간행, 유포했다.

스님은 감로사에 주석하면서 "염불하면 반드시 극락 가니 이를 의심하지 말고 부지런히 염불하라."고 제자들에게 강조하시면서, 스님도 주야로 각각 삼시계념불사三時繫念佛事로 예참하며 육시염불六時念佛을 봉행하였다. '나무아미타불' 육 자 염불뿐만 아니라 1일 30만 독씩 아미타불 종자 진언 '옴 바즈라 다르마 흐릴'을 염불하였고, 오후 4시 아귀들의 고통을 덜어 주는 헌식 외에는 하루 한 끼니만 공양하는 일중식日中食을 하면서도 매일 『아미타경』과 「극락왕생발원문」을 지송하며 미타예경 1,080배와 삼천배의 정진을 늦추지 않으셨다.

1992년 계유년 음력 1월 4일 부산 감로사에서 '진성원명 본무생멸 목마야명 서방일출眞性圓明 本無生滅 木馬夜鳴 西方日出 참된 마음은 둥글고 밝아서 본래 생과 사가 없다. 목마가 밤에 우니 서쪽에서 해가 뜨더라.'라는 임종게를 자필로 남기신 다음 서쪽을 향하여 합장하고 단정히 앉아 아미타불의 명호를 칭명하면서 조용히 입적하시니 향기가 진동하고 묘음이 청아하였으며 염불 소리와 함께 오색광명이 입에서부터 서쪽하늘을 가득 메웠다. 연화대에 불이 꺼지고 스님의 법구를 살펴보았더니 손과 발, 다리가 모두 한 군데 모여 있고 사리도 가운데 오롯이 모여 있었다. 모두 이런 열반상은 희유한 모습이고 처음이라며 찬탄하였다.

또 큰스님의 행장에서 더욱 빛나는 것은 1953년부터 원적하시던 1993년까지 근 40여 년간 종단의 계단주, 전계대화상으로서 10여 만 명에 달하는 수계 제자를 배출하였다는 점이다.

스님께서는 젊은 시절 오대산에서 계율로써 법륜상전法輪常轉의 서원을 세우고 불조의 혜명을 잇겠노라고 하는 위법망구爲法忘軀의 염원을 일생 동안 견지하시고 수많은 출가 제자와 재가 제자를 배출하여 승단의 기강을 확립하였다. 한 중생을 제도하여 불법佛法에 귀의하게 하는 것만으로도 인간, 천상에 그 복업이 무량하다 하였거늘 이와 같이 많은 대중에게 계율을 전수하여 청정한 범행을 닦도록 지도하신 스님의 계덕戒德은 능히 하늘로도 덮지 못하고 땅도 다 싣지 못할 것이다.

스님은 평소 염불 정진으로 정토왕생업을 일심으로 닦으시면서 "예경으로 토양을 삼고, 참회로 거름을 삼으며, 계율로써 울타리를 삼아 싹을 틔우는 인因을 만들고, 예경과 참회, 지계로 정진하는바 제불이 환희하고 감응하나니 바로 빛과 공기로 증장의 연緣이 되느니라. 예경과 참법懺法을 선양하고 율풍을 진작함이 불법 중흥의 근본이라 여김이 이에 있다."고 하시며 염불 근행과 아울러 예경과 참회 지계를 중요하게 여기셨다.

■ 서암 스님

나무아미타불南無阿彌陀佛

나무南無란 내 잃어버린 마음을 찾자는 소리입니다. 아미타불阿彌陀佛은 내 근본 마음입니다. 불생불멸 무량수無量壽의 무량한 광명 무량광無量光입니다. 그러나 이 생명은 무한히 빛나며 끝이 없는 불생불멸입니다. 그것이 아미타불입니다. 우리가 망상 없이 일념으로 내 마음 자리를 찾는 그 염불이 '나무아미타불'입니다.

우리 마음자리는 참으로 묘한 것입니다. 몇천만 년 전의 굴이나 금방 만든 굴이나 불을 켜면 곧바로 밝아집니다. 몇천만 년 전의 굴이라고 해서 몇 달 동안 불을 밝혀야 밝아지는 것이 아닙니다.

아무리 모질고 독한 사람도 임종 시에는 모든 생각이 순수하게 됩니다. 불교를 모르는 사람이나 믿지 않는 사람도 임종 시에 '나무아미타불' 한 번만 지극정성 불러도 서방정토 극락세계에 간다고 합니다. 순수한 세계는 순수한 마음으로 가는 것입니다.

■ 향산거사 백낙천

내 나이 벌써 일흔하날세.
다시는 풍월로 일삼지 않겠네.

경을 보자니 안력만 소모되고
복을 짓자니 세파에 분분할까 봐

그러면 무엇 가지고 심안을 제도할고.

한 글귀 아미타가 있지 않은가.
가도 아미타
않아도 아미타
아무리 바쁘기 화살 같아도
아미타불 생각만은 놓지 않을세.

달인은 아마 나를 보고 웃을 터이지
그들은 흔히 아미타를 싫어하니까
통달하면 대관절 어찌 되는고
통달치 못한들 또한 어떤가?
달達, 부달不達을 막론하고 법계 중생은
한가지로 아미타불 널리 권하리.

왕생한 인연들

■ 헤아릴 수 없이 많은 보살

미륵보살이 부처님께 여쭈었다.

"세존이시여, 이 세계에서는 불법에서 물러나지 않는 불퇴전의 자리에 오른 보살들이 얼마나 저 극락세계에 태어나게 되옵니까?"

부처님께서 대답하셨다.

"이 사바세계에는 수많은 불퇴전의 보살이 있는데, 그들이 모두 극락세계에 왕생할 것이니라. 이러한 보살들은 일찍이 헤아릴 수 없이 많은 부처님을 공양하였으며, 그 높은 공덕은 거의 미륵 그대와 같으니라. 그리고 아직 수행 공덕이 부족한 여러 보살과 작은 공덕을 닦는 소승 수행자의 수가 헤아릴 수 없이 많은데, 그들도 또한 모두 극락세계에 왕생할 것이니라."

부처님께서 미륵보살에게 다시 일러 말씀하셨다.

"내가 교화하고 있는 이 사바세계의 여러 보살만 저 극락세계에 왕생하는 것이 아니라, 다른 불국토에서도 또한 그와 같으니라.

그 첫 번째로 원조 부처님의 세계에서는 180억 보살이 왕생할 것이고, 두 번째 보장 부처님의 세계에서는 90억 보살이 왕생할 것이며, 세 번째 무량음 부처님의 세계에서는 220억 보살이 왕생할 것이고, 네 번째 감로미 부처님의 세계에서는 250억 보살이 왕생할 것이며, 다섯 번째 용승 부처님의 세계에서는 14억 보살이 왕생할 것이고, 여섯 번째 승력 부처님의 세계에서는 일만 사천 보살이 왕생할 것이며, 일곱 번째 사자 부처님의 세계에서는 500억 보살이 왕생할 것이고, 여덟 번째 이구광 부처님의 세계에서는 80억 보살이 왕생할 것이며, 아홉 번째 덕수 부처님의 세계에서는 60억 보살이 왕생할 것이고, 열 번째 묘덕산 부처님의 세계에서는 60억 보살이 왕생할 것이며, 열한 번째 인왕 부처님의 세계에서는 십억 보살이 왕생할 것이고, 열두 번째 무상화 부처님의 세계에서는 한량없이 많은 보살이 모두 왕생할 것이니라.

그들은 모두 불도에서 물러나지 않는 불퇴전의 자리를 얻고 지혜가 뛰어났으며, 일찍이 한량없는 여러 부처님을 공양하고, 겨우 7일 동안에 능히 다른 보살이 백천억 겁 동안 닦아서 얻은 견고한 수행법과 공덕을 성취하였느니라.

열세 번째 무외 부처님의 세계에서는 790억의 대승보살과 작은 공덕의 여러 보살과 헤아릴 수 없이 많은 출가 수행자가 모두 다 극락세계에 왕생할 것이니라.

미륵이여, 이 사바세계를 포함해서 비록 열네 곳의 불국세계에 있는 보살들만 극락세계에 왕생하는 것이 아니라, 시방세계의 헤아릴 수 없는 불국토에서도 극락세계에 왕생하는 이들은 이와 같이 수없이 많으니라.

그러므로 내가 시방세계의 모든 부처님의 명호名號와 그 불국토에서 극락세계에 왕생하는 보살들과 출가 수행자들의 수를 헤아린다면, 일 겁 동안을 밤낮으로 다 말해도 결코 다할 수 없는 것이니, 나는 다만 그대를 위해 간략히 그 대강만을 말한 것이니라."

『무량수경』

예로부터 우리의 눈으로 볼 수 없는 무수한 사람이
이미 부처님의 위없는 지혜를 믿는 결정심으로
선근 공덕을 닦아 불퇴전의 대승보살이 된 후
극락에 왕생하였듯이 우리도 기필코 왕생해 부처를 이루리.
나무아미타불!

■ 염라대왕도 숭배한 연수 선사

이 스님은 송나라 스님으로서 일찍이 불가로 출가하려 하였으나 부모님이 허락을 아니하여 못하였다. 세속에 계시면서 『법화경』을 수지 독송하였는데 『법화경』을 보실 때에는 글을 한목에 다섯 줄씩 봐 나갔다.

그리고 세속에 계시면서도 살생이라고는 벌레 한 마리를 죽이지 아니하였을 뿐만 아니라 항상 방생하시기를 좋아하셨으며 고기와 오신채 같은 것도 드시지 않았다.

일찍이 과거에 급제하셔서 고을 원님이 되었는데 다니다가 산짐승이나 물고기를 파는 것을 보면 그것을 꼭 사서 방생을 하였다. 자기 돈이 없을 때에는 공금으로 사서 방생을 했는데 그와 같이 수년을 하다 보니 마침내는 많은 공금을 축내어 그런 사실이 나라에서까지 알게 되어 처형을 당하게 되었다.

그 당시 나라의 법에서는 공금을 사적으로 쓴 자는 많은 사람이 보는 앞에서 목을 베어 죽이게 되어 있었다. 당시 전왕이 명을 내리기를 죄인을 형틀에 매달아 칼로 목을 치려고 할 때 죄인의 안색이 변하거든 목을 베고 안색이 변하지 않거든 목을 베지 말고 풀어 주라고 하였다.

형리가 그와 같은 명을 받아 죄인을 형틀에 매달고 칼을 들어 목을 치려 해도 안색이 조금도 변하지 않고 오히려 태연하였다. 그리하여 형리가 전왕의 분부대로 풀어 주었다.

그런 일을 한 번 당하고 나서는 인생의 무상함을 크게 느끼고는 가족들에게 말하기를 "나는 이번에는 꼭 죽을 사람이었는데 부처님 덕에 산 것이니 이제 부처님 제자가 되고자 한다. 그러니 나를 이미 죽은 사람으로 알고 잊어 주기를 바란다." 하시고는 34세 때 명주 땅 용책사 취암 영참 대사에게 출가하여 스님이 되었다.

그 후 천태산의 소국사에게 찾아가서 그곳에서 대도를 성취하게 되었다. 그런데 당시 선정에서 출정出定을 하고 보니 옷자락 속에 종달새가 집을 지어 놓았으니 참으로 수승한 대근기이다. 보통 사람들은 모두 살기가 있어서 짐승들이 보면 달아나거늘 이 스님은 오직 자비한 마음뿐으로 살생을 하지 않고 방생을 수없이 많이 해 온 연고로 몸에 살기가 전혀 없고 따스한 정이 풍기기 때문에 새가 날아와서 옷자락 속에 집을 지어 놓은 것이니 부처님을 제외하고는 들어보지 못한 참으로 훌륭하고 장한 분이다. 부처님께서 6년 수행 시에도 머리 위에다 까치가 집을 지었다고 하며 그 인연 공덕으로 까치가 부처님 열반 후 천 년이 지나 제나국왕이 되었다.

연수 선사는 『법화경』을 독송하며 많은 중생에게 이익을 주면서 염불 정토 수행을 하였다. 많은 중생을 위하여 설법과 만행을 하루도 쉼 없이 행하였으며 산에 사는 조류, 금수, 미물들을 위하여 천주봉에 올라가 『법화경』을 외우고 높은 소리로 염불을 해 주었다.

그와 같이 3년을 하고 난 어느 날 선정에 들어 관세음보살을 친견하니 관세음보살께서 감로수로 입을 씻어 주었다. 그 후부터는 관음 변재가 열리어 말씀을 하시매 청산유수 같은 법문이

나오며 듣는 자가 모두 환희심을 내어 발심을 하고 또한 모두 염불하여 왕생발원을 하게 되었다.

스님에게 법을 배우려고 모여든 대중이 이천여 명이 넘었다. 스님은 낮에는 대중을 위해 설법과 설계 등을 해 주시고 저녁에는 산에 올라가 짐승과 미물들을 위하여 밤새워 염불을 하였는데 대중이 들으니 스님이 염불하는 산 위에서 아름다운 천악이 울려오곤 하였다. 스님은 매일같이 아침 일찍부터 예불, 송경, 염불, 설법, 시식, 방생 등 모두 백여덟 가지나 되는 덕행을 닦으셨다.

이렇게 연수 대사의 덕행이 높으니 이 세상 사람들은 물론 저승의 염라대왕까지도 존경하였다. 연수 대사가 열반한 후 얼마 지나서 타지에서 온 한 스님이 그 절에 머물고 있었는데 이 스님은 아침부터 하루 종일 연수 대사의 사리탑을 돌고 있었다. 며칠을 그와 같이 돌자 대중이 이상하게 여겨 그 사유를 물었다.

그 스님이 말하기를 "나는 무주 땅에 살던 승려로 전생 죄업으로 인하여 병을 앓다가 죽어서 저승에 가서 심판을 받게 되었는데 염라대왕이 단에 오를 때에 전당 안의 어떤 스님 초상화에 향을 사르고 예배를 드리고는 단에 올라가서 죄인들을 심문하는 것이었다. 그런데 나는 아직 명이 남아 있어 잘못 데려온 것이라 하며 다시 나가서 수행을 잘 하라고 환생 명령을 하였다. 그래서 나는 벽에 걸린 초상화가 어느 스님인지를 물어보았다. 염라대왕이 말해 주기를 '이 스님은 송나라 영명사에 계시다가 극락왕생하신 연수 대사이신데 이 스님처럼 모든 덕행이 구족원만한 분은 일찍이 보지 못했다. 특히 인간 세상 사람으로서 이처럼 많은 생명을 구제한 자비로운 분은 고금을 통해 드문 것으로 그 덕이 너무나 높고 장하여 숭배하노라.'고 말하였다."고 하였다.

『왕생록』

일상의 수행이 그대로 공덕과 법력이 되어
자비방생으로 수많은 생명을 귀히 여기니
염라대왕도 흠모하고 숭배하였다.
뒷사람 또한 거울삼아 닦아 가야 하리.
나무아미타불!

■ 발징 스님의 왕생

강원도 고성에 건봉사라는 절이 있다. 신라 경덕왕 때에 그 절의 주지 발징 스님이 큰 서원을 발하였다. 그는 계행이 청정한 정신, 양순 스님 등 31명의 스님들을 초청하여 미타만일회를 봉행하고 신도 1,828명을 모아 1,700명은 공양을 올리는 시주자로, 나머지는 의복을 담당하게 하여 법회를 후원하게 하였다.

그 후 29년이 지난 서기 776년 7월 17일 한밤중에 큰 비가 쏟아져 도량 밖으로 넘치더니 아미타불과 관세음보살, 대세지보

살이 지금 연대를 타고 문 앞에 다다라 금색의 팔을 펴고 염불하
는 대중을 맞이하였다. 아미타 부처님은 48대원을 부르면서 대
중이 반야선에 오르도록 하고 상품상생으로 극락세계에 왕생하
도록 허락하셨다.

그때 발징 스님은 시주를 위해 다니다가 양무라는 아간의
집에서 자고 있었는데, 큰 광명이 방에 비쳐 드는 것을 보고 황
급히 일어났다. 그러자 관세음보살님이 절에 있는 스님들이 모
두 왕생했으니 빨리 절에 가 보라고 하셨다. 아간 양무와 함께
절에 돌아와 보니 31명의 스님들이 하나같이 육신을 버리고 서
방세계로 떠나가고 없었다.

발징 스님은 한없이 기쁜 마음으로 서쪽을 향해 1,300여 번
절을 하고 그들을 정성껏 다비한 후 신도 집에 다니며 함께 염불
한 신도들을 찾아보니 913명은 건봉사의 스님들과 같은 시간에
단정히 앉아 왕생하였고, 나머지 907명은 그대로 남아 있었다.

스님이 절로 돌아오고 7일 후 아미타 부처님이 친히 오셔서
반야선에 올라 왕생하기를 권하자 스님은 "우리 신도 가운데 아
직 왕생하지 못한 자가 많은데 그들을 두고 혼자 떠나는 것은 저
의 본원이 아닙니다." 하였다. 부처님이 다시 말씀하시기를 "남
아 있는 사람들 중에 열여덟 명은 상품중생으로 왕생할 수 있지
만 나머지는 염불이 성숙한 뒤에 다시 내가 그들을 데리러 오겠
으니 걱정 말아라." 하셨다.

발징 스님은 그 말씀을 듣고 슬피 울며 그들을 위해 밤낮을

가리지 않고 염불을 해 주었다. 다시 7일이 되는 날 한밤중에 부처님이 오셔서 왕생을 권했는데 발징 스님은 왕생할 수 없는 법회 동참 신도들이 죄업을 모두 소멸하고 왕생하게 되면 그때 극락에 가겠노라고 울먹이며 부처님의 권유를 사양하였다.

부처님이 "누구든지 내가 세운 극락세계에 나고자 지극히 원하면 반드시 그를 데리고 가겠다는 것이 나의 본원이기 때문에 그대는 떠나야 한다. 그대가 먼저 왕생해 그곳에서 무생법인을 깨닫고 보살이 되어 다시 이곳으로 내려와 남아 있는 신도들을 더 지극히 제도할 수 있으니라." 하며 재삼 권고하니 스님은 더 사양하지 못하고 부처님의 발에 예배한 후 그분을 따라 왕생했다.

건봉사 만일연회 연기

왕생하고자 간절한 서원을 세운 승속 1천여 인이
모두 서방정토로 갔으니
이는 누구나 간절함을 잃지 말라는
고구정녕한 선지식의 법문이로다.
나무아미타불!

■ 고성 옥천사 서봉 스님

서봉 스님은 60여 세부터 청련암에 주석하면서 평생 지계
수행을 돈독하게 하지 못한 것을 죄스럽게 여기고 참회 발심하
여 정토에 왕생할 것을 발원하고 남을 의식하지 않고 "나무아미
타불" 육 자 염불을 밤낮 쉬지 않고 정진하였다. 그러던 중 만년
에는 기동을 못하여 분뇨를 방에서 하시니 동거하는 스님들이
싫어하여 잘 돌보지 않았다.

1879년 10월 어느 날 새벽에 동암에 거숙한 부전 스님과 감
원 스님이 서쪽에서 불보살님들이 꽃가마를 가지고 와서 서봉
스님을 모셔 가는 꿈을 똑같이 꾸었다. 그날 아침에 스님의 방문
을 열어 보니 스님은 좌탈 입적하셨고 방에는 평소 나던 악취는
간데없고 기이한 향기와 풍악 소리가 진동하고 있었다.

또 다비한 그날 저녁에는 청련암을 위시하여 연화산 내에
방광 현상이 나타나서 옥천사 내 대중이 환희하였다. 현재 옥천
사 주차장 근처 암벽에 '서봉인오방광탑瑞鳳印悟放光塔'이라는 일곱
자가 새겨져 있다.

구전

참회하고 발심하니
어찌 이르고 늦음이 있으랴.

서봉 스님 불퇴전의 신심이여
마침내 연화산을 환하게 비추었구려.
나무아미타불!

■ 언양 석남사 송덕 스님

비구니 송덕 스님은 7세에 고모인 법순 스님을 은사로 동인
암으로 출가했다. 평소에 율무로 만든 천주를 돌리며 늘 염불을
하셨으며 자비심이 많아서 인근 마을의 가난한 집에서 아이를 낳
으면 꼭 밤에 쌀 한 말과 된장, 간장을 몰래 가져다 뒀다고 한다.

또 산에 나물 뜯으러 온 아낙이 있으면 꼭 불러서 밥을 주었
다고 하며, 나이가 들어서는 노구에도 불구하고 새벽 예불 때 꼭
일어나 앉아서 『아미타경』을 외우시고 염불정진을 하였다.

1965년 음력 2월에 81세로 입적하셨는데 입적 바로 후에 가
지산 꼭대기에서 광명 무지개가 비쳐서 동인암 앞뜰 수각에 와
꽂히고, 스님의 시신을 가린 병풍 뒤에서는 환한 광명이 오랫동
안 비쳤다고 한다.

다비 후 100제를 지내는 동안 사리가 나온 줄 몰랐다가 인
근에서 일하던 농부들이 일을 마치고 귀가하던 중, 다비장에서
광명이 비쳐 길을 밝히는 것을 이상하게 생각하여 가서 뒤져 보
았더니 사리 3과가 나왔다.

구전

讚

송덕 스님의 자비로움은 염불자의 표상이라.

자비는 지혜를 낳는 어머니이니

염불행자는 자비를 실천하는 공덕을 닦아

구경에는 아미타 부처님을 친견하게 되리.

나무아미타불!

■ 백불관 노인의 왕생

중국 청나라에 백불관百不關이라 불리는 노인이 있었다. 백불관이란 남의 일에 일체 관여하지 말고 오직 염불에만 마음을 기울이라는 뜻이다. 60세가 넘은 노인이 한평생 살아온 자취를 더듬어 보니 서글픈 마음뿐이었다. 주변의 친구들도 하나둘 저세상으로 떠나가고 자신의 삶 또한 임종이 멀지 않았음을 절감하니 두려운 마음이 일어났다. 살아생전 공덕과 선행은 닦지 못하고 사람들의 가슴에 상처만 심어 준 일이 생각나 그를 더욱 괴롭게 하였다. 또한 과거에 저지른 죄업들이 생생하게 되살아나 이대로 죽게 되면 필히 지옥이나 축생의 과보를 받게 될 것을 생각하니 마음이 조급해져서 그냥 있을 수가 없었다.

노인은 마침 도원이란 스님이 효자암이란 암자를 짓고 평생 염불만 하고 계신다는 말을 듣고 찾아갔다. 그리고 공손히 예배 드리고 물었다.

"저는 일생 동안 세상일에 얽매여서 성인의 말씀에는 귀 기울이지 않고 오직 죄만 짓고 살아왔습니다. 이제 임종이 가까워짐을 느끼니 앞일이 캄캄하고 두렵습니다. 극락 가기는 원치 않으니 부디 악도惡道를 면할 수 있는 법이 있으면 저에게 일러 주십시오."

노인의 간곡한 말을 들은 스님이 고개를 들어 천천히 말하였다.

"그러한 법이 있기는 있습니다. 그런데 노인께서 이 법문을 그대로 믿고 행할 수 있을지 그것이 문제입니다."

"제가 어찌 큰스님의 말씀을 믿지 않겠습니까. 꼭 죄업을 소멸시키고 악도에 떨어지지 않을 법문을 일러 주십시오."

"이 세상에서 아무리 많은 죄를 지었다 해도 그것을 진실하게 뉘우치고 오직 염불에만 마음을 기울이십시오. 부처님 공덕에 의지하여 나무아미타불을 염불하면 생사의 고통에서 영원히 벗어나게 됩니다."

스님은 이렇게 말하며 아미타불의 무한한 자비와 서원으로 성취된 극락정토와 그곳에 태어날 수 있는 방법으로 오직 "나무아미타불"에 전념할 것을 간곡히 일러 주었다.

그리고 다시 말하기를 "염불하는 사람은 많으나 염불 공덕을 성취하는 이는 드물며, 염불하는 사람은 많으나 극락정토에 왕생하는 사람 또한 많지 않습니다. 그것은 염불하기가 어려운 것이 아니고 오래 지속하기가 어렵고, 오래 지속하기는 어렵지 않으나 일념—念을 이루기가 어려운 것입니다. 염불에 일념이 되어야 염불 공덕을 성취하고 임종 후에는 극락정토에 태어나게 됩니다."

노인은 감사 인사를 드리고 집에 돌아와 염불 정진에 온 마음을 기울였다. 일 년 이상을 열심히 염불을 했지만 일념의 염불은 되지 않았다. 노인은 다시 효자암을 찾았다.

"이제 염불의 공덕으로 몸도 마음도 가뿐합니다. 죄 많은 이 몸을 구원해 주기 위해 정토법문을 베풀어 주신 부처님과 큰스님께 감사할 뿐입니다. 그러나 일심으로 염불은 하지만 지나간 기억 때문에 일념 염불이 되지 않습니다. 어떻게 하면 일념을 이룰 수 있을까요."

노인의 말을 들은 스님이 빙그레 웃으시더니 물었다.

"노인께서는 톱으로 나무를 켜 본 적이 있습니까?"

"네, 많이 잘라 봤습니다."

"그러면 톱으로 톱밥도 잘라 봤습니까?"

"톱밥은 자를 수가 없습니다."

"노인께서는 지금 마음의 톱으로 극락을 건설하고 계십니다. 지나간 과거는 톱밥과 같은 것입니다. 소용없는 것에 마음을 도둑맞지 말고 향기 나는 나무를 다듬어 보배 궁전을 만들어야 합니다."

그리고 스님은 붓을 들어 '백불관百不關'이라 써서 노인에게 주면서 다시 한마디 하였다.

"염불하다가 지나간 일이 생각나면 곧바로 '백불관!' 하고 부르십시오. 그리고 다시 일념으로 염불하시기 바랍니다. 그렇게 하면 아미타불, 아미타불 일성—聲에 죄업이 소멸되고 몸이 정화되어 부처님의 가피가 느껴져 올 것입니다."

진실로 감사한 마음으로 삼배를 올린 노인은 염불에 전념하였다. 이러한 정진 속에 몸도 마음도 건강해지고 밝은 기운이 뻗쳐 나왔다. 그리고 길을 갈 적이나 가족들과 함께할 적에 염불심이 흐트러질 적이면 "백불관!" 하고 소리치며 아미타불 일념을 다시 챙기곤 하였다. 이웃 사람들은 그런 연유로 염불 노인을 '백불관 노인'이라 부르며 공경하였다.

염불할 때 잡념을 쫓는 데는 '백불관'이 아주 좋은 약이 되었다. 이같이 하여 백불관 노인은 일념의 염불이 길어져서 삼매를 얻고 그 속에서 부처님 세계를 훤히 보게 되었다. 그래서 너무나 환희로운 마음으로 효자암을 찾아갔다. 그리고 스님에게 "참으로 감사합니다. 큰스님께서 말씀해 주신 법은 하나도 헛된 것이 없었습니다. 스님의 은혜로 악도에 떨어질 제가 생사의 업을 벗어나 부처님 세계로 가게 되었습니다. 이제 내일이면 왕생하게 될 것이므로 마지막으로 인사드리려고 찾아왔습니다." 하고는 공손히 예배드리고 집에 돌아와 깨끗이 목욕하고 새 옷을 갈아입은 다음 식구들을 모이게 하였다. 그러고는 "내가 이제 염불의 공덕으로 업장을 소멸하고 극락정토에 가게 되었다. 모두 슬픔의 눈물일랑 보이지 말고 기쁨의 염불로 나의 장례를 장엄하도록 하라."고 당부를 하였다.

그리고 서쪽을 향해 단정히 앉아 합장하고서 "나무아미타
불"을 잠깐 염불하더니 그대로 임종하였다. 그때 서쪽으로부터
한 줄기 빛이 집안을 비추고 기이한 향기가 집안에 가득 차서 사
람들이 크게 놀라워하였다.

『왕생록』

염불하기가 어려운 것이 아니고 오래 오래 지속하기가 어렵고,

오래 지속하기는 어렵지 않으나 일념을 이루기가 어려운 법.

염불에 일념이 되어야 염불 공덕을 성취하고

임종 후에는 극락정토에 태어나게 되느니.

나무아미타불!

■ 수나라 문황후

수나라 문제文帝의 황후는 비록 왕궁에 살았으나 여자의 몸
이 된 것을 심히 싫어하였다. 다만 항상 아미타불을 부르더니 임
종에 이르자 기이한 향기가 집안 가득하고 허공으로부터 성중이
내려왔다. 문제가 사제 삼장에게 묻되 "이것이 무슨 상서인가?"
하니 사제 삼장이 대답하기를 "서방에 부처님이 계시는데 아미
타불이라고 합니다. 황후는 지은 업이 고결하여 그 나라에 태어

날 것입니다. 하물며 부처님의 가르침이 분명하니 위심할 것이 없습니다." 하였다.

『권염요록勸念要錄』

황후는 무엇이 부족하여 부처님을 불렀겠는가?
자기의 업장을 확연히 간파해
다시는 악업을 짓지 않고 선업을 닦으니
황후의 지혜로움이 허공에 꽃비를 내리도다.
나무아미타불!

■ 되돌아온 왕랑의 혼

왕랑王郞의 성은 왕이요 이름은 사궤이니 길주 사람이다.

나이 57세, 그의 처 송씨宋氏가 세상을 떠난 후 11년 되던 해였다. 밤 삼경三更에 누군가 창을 두드리며 이르기를 "낭군! 주무세요, 안 주무세요?" 하였다. 왕랑이 "누구세요?" 하자, "낭군의 옛 처 송씨인데 잠시 중요한 말이 있어 알려 주러 왔습니다." 하였다.

왕랑이 놀라고 괴이하여 "무슨 중요한 일이요?" 하고 묻자 송씨가 말하기를 "내가 죽은 지 11년인데 아직 그 죄를 물어 마치지 않고 당신을 기다려 결정할 것입니다. 지난날 염라왕과 서로 오랫동안 거론하였는데 오늘 아침에 당신을 잡으러 다섯 귀신이 올 것이니 당신은 마땅히 집안에 아미타불 탱화를 서쪽 벽에 높이 걸고 동쪽에 앉아 서쪽을 향하여 아미타불을 염불하세요." 하였다.

왕랑이 "저승사자가 무슨 일로 나를 잡으러 온다는 것이요?" 하고 묻자 송씨가 말하기를 "우리 집 북쪽 이웃에 사는 안노숙安老宿이 매일 이른 새벽이면 서쪽을 향하여 50번씩 절하고 매월 보름에 아미타불을 염불하기를 1만 번으로 업을 삼거늘 당신과 내가 함께 매번 늘 비방하였는데 이것 때문에 나를 잡아 가두어 죄를 묻고 당신을 기다려 문책을 마칠 것이니 우리는 필연코 지옥에 떨어져 영원히 나올 기약이 없을 것입니다." 하였다. 이 말을 마치자 송씨는 곧 돌아갔다.

이에 왕랑은 밝은 아침에 송씨가 알려 준 대로 지성으로 염불하였다. 이때에 다섯 귀신이 와서 뜰 가운데 서서 한참을 돌아보며 자세히 살펴 관찰하다가 먼저 아미타불 탱화에 예배하고 다음에 왕랑에게 절하였다. 왕랑이 크게 놀라 아래에 앉아 답하여 절하였다.

귀신 사자가 말하기를 "우리는 명부冥府의 명을 받아 그대를 잡으러 왔습니다. 지금 그대가 도량을 청정하게 하고 단정히 앉아 부지런히 아미타불을 염하니 우리가 비록 공경하여 마지아니하나 염왕閻王의 명을 피하기 어려워 비록 칙령과 같이 아니하더라도 잡아가지 않을 수 없습니다. 구부려 청하노니 행장을 차리소서." 하였다.

제3 귀신이 말하기를 "염왕이 명을 내리기를 저 왕랑을 엄히 묶어 데려오라 하였는데 칙령대로 아니하면 염왕의 노하심을 우리가 당하게 될 것입니다." 하였다.

나머지 귀신이 말하기를 "만약 우리들이 많은 조칙을 받을지라도 선한 도를 닦지 않았으므로 지금 귀신의 업보를 받아 벗어나지 못하는 것이니 차라리 죽을죄를 받더라도 감히 염불하는 사람을 칙령대로 묶어 가서는 안 됩니다." 하였다.

제1 귀신이 왕랑에게 고하기를 "비록 지은 죄가 산과 같아 반드시 지옥에 갈 것이나 우리가 본 바와 같이 염왕께 잘 아뢰면 반드시 사람으로 환생할 것이니 그대는 감히 슬퍼하지 마소서. 그대가 만약 극락에 태어나거든 우리들 귀신 사자를 잊지 마소서." 하고 꿇어앉아 게송을 지어 가로되 "내 명간(冥間, 저승)의 사자가 된 지 이제 이미 백천 겁이지만 염불하는 사람을 보지 못하여 악도惡道에 떨어졌도다. 그대가 만약 연화국(극락정토)에 나거든 우리를 생각하여 귀신 업보를 벗게 하소서." 하였다.

그런 후에 명부에 이르니 염왕이 노하여 사자에게 "급히 잡아 묶어 오라 했는데 어찌하여 이리 늦었는가?" 하며 추궁했다. 귀신 사자가 본 대로 자세히 아뢰니 염왕이 자리에서 일어나 서서 말하기를 "착하도다, 왕랑이여 속히 계단 위로 오르소서." 하였다.

십대왕이 가지런히 절하고 "부부가 일찍이 항상 안노숙이 염불하는 것을 비방하여 송씨를 먼저 가두고 반드시 왕랑에게 죄를 물어 악도에 떨어지게 하려고 지금 극악한 귀신 사자를 보냈으나 귀신 사자의 소견을 들으니 그대가 마음을 고쳐 참회하고 부지런히 염불을 닦으니 무슨 죄가 있으리오." 하였다.

염왕이 "서방의 주인 아미타불은 이 사바세계와 특별한 인연이 있으니 만약 저 부처님을 일념으로 염불하지 않으면 저승의 용맹한 사자를 항복받기 어려우리." 하며 게송을 짓고는 "부부를 인간으로 돌려보내려고 하니 남은 수명이 30년인데 60년을 더하여 부지런히 정진하며 닦고 아미타불을 염하면 속히 저 극락에 왕생할 것이다. 우리들 십대왕도 아울러 서방에 이르게 하소서." 하며 보냈다.

염왕이 최판관崔判官에게 명하기를 "왕랑이 뉘우치고 도량을 만들어 간절히 염불하니 먼저 범한 무간지옥의 죄보罪報는 이제 이미 흩어져 없어지고 오직 염불한 공덕으로 부부를 같이 인간으로 돌려보내니 같이 살며 해로하여 염불하게 하리라. 송씨는 수명이 다한 지 오래되어 살과 뼈가 없어져 흩어졌으니 어디에 혼을 부칠까?" 하였다.

판관이 왕명을 듣고 왕랑을 향해 절하고 왕께 아뢰니 "월지국 옹주翁主가 그때 스물한 살인데 수명이 이미 다하여 혼이 이제 여기에 왔으며, 야마천夜魔天의 업보가 이미 다하여 천상天上에 환생할 것입니다. 그 몸이 오로지 있으므로 송씨의 혼을 공주의 몸에 의탁하여 환생하게 함이 마땅합니다." 하였다.

염왕이 크게 기뻐하며 "왕랑 부부가 이 원을 잊지 않으면 속히 서방에 태어날 것이니 그대는 곧 자세히 들으라. 그대의 집 북쪽에 사는 안노숙을 감히 비방하지 말아야 한다. 이 몸을 받은 이래로 항상 서방을 존중하면 이 공덕으로 말미암아 제불諸佛 제천諸天이 항상 보호하여 지켜줄 것이니 그대는 항상 부모와 같이 봉양하라. 그리고 그대에게 청하노니 우리들의 소식을 안노숙에게 전달해 주길 바라오." 하니 왕랑이 응답하여 허락하였다.

염왕이 안노숙을 향하여 절하며 말하기를 "도체道體는 어떠하신지요. 날로 새롭고 견고하시니 3년이 지난 후 3월 초하루에 서방의 교주(教主:아미타 부처님)께서 자금색 연화좌를 가지고 나타나 서방의 상품上品에 왕생하게 할 것입니다." 하고 말을 마치자 왕랑의 본가에 환생하니 가족들이 장사지내려 할 때였다.

환생하여 게송으로 "처자와 재물 보배가 집에 가득하여도 고통받을 당시는 대신하지 못하니 일념으로 아미타불을 염하면 죄보가 소멸하니 환생하여 명을 이어 다시 진眞을 닦으련다." 하였다.

송씨는 공주의 몸에 의탁하여 환생하니 왕과 더불어 부인夫人이 크게 기뻐하였다. 공주로 환생한 몸이 이와 같은 사실을 갖추어 아뢰니 왕이 탄식하고 왕랑을 불러 말하기를 "짐이 일찍이 이와 같은 일을 보지 못했는데 소위 꿈속의 상서로다." 하였다.

왕랑이 곧 아뢰기를 "송씨는 11년 사이에 다른 사람을 생각하지 않고 예전의 믿음을 지켜 이에 다시 만나 거듭 인연을 맺게 되었습니다." 하고 크게 기뻐하며 물러갔다.

　이리하여 수명을 이어 장수하며 살다가 같이 극락에 태어났다.

『권염요록』

　태산 같은 금은보화가 집안에 가득해도
　무시로 찾아드는 고통과 공포는 그 무엇으로 막겠는가?
　오로지 한마음으로 부처님을 염하면
　다시는 윤회하여 고통받지 않으리.
　나무아미타불!

■ 일심으로 깃발을 잡자

　당나라 청신사淸信士 정목경鄭牧卿은 영양滎陽 사람이다.

　온 집안이 불교를 믿어 어머니와 자매가 같이 정토를 기원하였다. 때에 이르러 심하게 병이 들어 의원과 함께 정토를 닦는 사람들 모두가 권유하여 말하기를 "어육魚肉을 먹어 여윈 몸을 구완하고 병이 나은 후에 다시 정계淨戒를 닦아 가지면 또한 옳지 않겠는가?" 하니 목경이 말하기를 "슬프다! 이와 같은 부생浮生이 방종하여 고기와 파, 마늘로 인하여 병이 나을 수는 있으나 마침내는 마멸되어 돌아가는 것이며 부처님의 금계禁戒를 받들지 않고 작은 목숨을 아까워하면 어찌하겠는가?" 하며 확연히 허락하지 않았다. 드디어 엄히 불사佛事를 하여 손에 깃발과 향로를 잡아 일심으로 아미타불을 부르며 "장부는 일심으로 물러나지 않아야 원하는 서방에 왕생할 수 있다." 하고 문득 세상을 떠나니 기이한 향기가 뜰에 충만하고 이웃 마을에서도 모두 알았다. 외삼촌의 꿈에 보배 연못에 연꽃이 만발했는데 목경이 합장하고 그 위에 앉아 있었다고 한다. 그때 목경의 나이 59세였다.

『권염요록』

허약한 육신을 구하기 위해
부처님의 계율을 버리지 않으며
일념으로 아미타 부처님을 부르니
마침내 연화좌에 올라 앉아 고해를 내려다보네.
나무아미타불!

■ 남에게 권하여 왕생하다

당나라 경조京兆에 방저라는 사람이 있었다.

갑자기 죽어 명부에 이르러 염라왕을 뵈니 왕이 말하기를 "안부案簿에 의거하면 그대가 일찍이 한 노인에게 염불을 권하여 그 노인이 이미 정토에 태어났다 하니 그대도 이 복을 이어 역시 정토에 나는 것이 합당하다. 그러므로 와서 서로 보는 것이니라." 하니 방저가 말하였다.

"먼저『금강경』만 권을 독송하고 오대五臺를 순례하고자 아직 왕생하지 않겠으니 허락하소서."

염라왕이 말하기를 "불경을 읽고 성지를 순례함이 진실로 좋은 일이나 일찍 정토에 나는 것만 못하다." 하였으나 그 뜻을 꺾기 어려움을 알고 돌려보냈다.

이로써 남에게 권하여 정토를 닦게 한 사람은 다만 왕생할 뿐 아니라 또 저승에서도 감동함을 알 수 있다.

『권염요록』

염불의 인연은 지중하니
전생의 공덕이 여기에 이르렀음이라.
스쳐가는 바람에라도 염불법을 들었거든
희론일랑 버리고 행주좌와 부처님에 사무쳐 보세.
나무아미타불!

■ 양씨 노파 눈을 뜨다

당나라 정관 때에 낙주라는 땅 영안현에 양씨 노파가 살았다.

이분은 맹인으로 이 세상에 태어나 밝은 세상을 보지 못하고 아무런 낙이 없이 쓸쓸한 마음으로 괴로운 인생을 살아가고 있었는데 늦게나마 다행히 선지식을 친견하게 되어 정토법을 얻어 듣게 되었다.

양씨 노파는 정토법을 알고 나서는 무한히 기뻐하였으며 그로부터 즐거운 마음으로 이 세상을 살아가게 되었다. 그리하여 자신의 전생 죄업을 뉘우치면서 극락세계에 왕생하기를 발원하여 지극정성으로 염불했다. 마음에 오로지 아미타불 한 분 외에는 아무런 생각도 없었다. 오직 극락세계에 가고자 하는 생각으로 일념이 된 것이다. 그렇게 3년을 하고 나니 두 눈이 밝아져서 세상을 밝게 보게 되었다.

노파는 한없이 기뻐하며 부처님의 고마움에 감사드렸다. 그 후부터는 더욱더 신심이 나서 밤잠도 잊어가며 전일의 배나 더 애써 염불을 해 나갔다.

그렇게 또 4년이란 세월이 흘러 양씨 노파가 이 세상 인연이 다 되어 임종이 도래하게 되었다. 임종할 순간 동네 사람들이 보니 수많은 보살님 등 성스런 분들이 허공에 나타나시더니 오색이 찬란한 깃발이며 칠보로 장엄된 산개를 들고는 부처님과 함께 그 노파의 집으로 내려와 양씨 노파를 연화대에 태워 멀리 서쪽 하늘로 사라지는 것이었다. 동네 사람들이 급히 양씨 노파 집에 가 보니 양씨 노파는 서쪽을 향해 합장하고 단정하게 앉아서 세상을 떠나 있었다.

그리하여 마을 사람들은 이는 우리 마을에 크나큰 경사이며 이분은 보통 사람이 아니라 성현과 같은 분이니 시신을 땅에 묻어서는 안 된다고 하면서 서방 극락세계로 가셨으니 마을 서쪽에다 탑을 모아 그 노파의 육체를 모시고는 내왕하는 자 모두가 치성을 다하며 그 근방 향민들이 발심하여 염불을 하였다. 그 탑이 현재까지도 보존되어 있어 지금까지도 그 지방 사람들은 그 양씨 노파를 존경하고 있다.

『왕생록』

눈 먼 양씨 노파가 염불로 눈을 뜨니
부처님의 불가사의한 위신력이여
다시 양씨가 왕생의 인연을 짓게 이끄니
부처님의 대자대비는 무량수 무량광이라.
나무아미타불!

■ 광덕과 엄장, 그리고 욱면 낭자

문무왕 때 원효 대사의 속가 제자 중에 광덕과 엄장이라는 사람이 있었다. 두 사람은 누구든지 먼저 극락으로 돌아가는 사람은 알리자고 약속했다.

광덕은 분황사 서쪽 동네에 은거하여 신 삼는 것으로 생업을 삼아 처자를 데리고 살았다. 엄장은 남악에 암자를 짓고 화전을 일구어 농사를 지었다.

어느 날 석양이 붉게 타는 저녁에 엄장의 집 창밖에서 소리가 들렸다.

"나는 이미 서방으로 가니 자네는 잘 있다가 속히 나를 따라오게."

엄장이 문을 열고 둘러보니 하늘에서 풍악 소리가 들려오고 밝은 빛이 땅에까지 비치고 있었다.

이튿날 엄장이 광덕의 집을 찾아가 보니 과연 광덕이 죽었다. 그래서 그 아내와 함께 유해를 거두어 장사를 마치고 광덕의 아내에게 말하였다.

"남편은 이미 죽었으니 이제 나와 같이 사는 것이 어떻겠소?"

그 아내가 좋다고 하여 엄장은 그 집에 머물렀다. 밤에 잘 때 엄장이 관계를 하려 하니 광덕의 아내가 말하였다.

"당신이 정토를 구하는 것은 마치 고기를 잡으러 나무에 오르는 격입니다."

엄장이 놀라서 물었다.

"광덕도 이미 그러했는데 나라고 안 될 것이 무엇이오?"

광덕의 아내가 대답하였다.

"남편께서는 저와 동거한 지 10여 년이 되지만 일찍이 하룻 저녁도 한자리에서 자지 않았는데 하물며 더럽힘이 있겠습니까.

다만 밤마다 몸을 단정히 하고 반듯이 앉아서 한마음으로 아미타불을 외우거나 16관을 실천하였습니다. 16관이 절정에 이르면 밝은 달빛이 방에 들어오고 때로는 그 빛을 타고 그 위에 가부좌를 하고 앉았습니다. 그의 정성이 이러하였으니 서방정토로 아니 가고 어디로 가겠습니까. 무릇 천 길을 가는 자도 한 걸음에서 알아볼 수 있습니다. 지금 스님의 태도는 동으로 간다고는 할 수 있을지언정 서방정토로 간다는 것은 모를 일입니다."

이 말을 들은 엄장은 부끄러워하며 물러나와 몸을 깨끗이 하고 뉘우쳐 일심으로 16관을 닦아 극락으로 갔다.

한때 속된 마장에 이끌렸던 엄장은 나중에는 뉘우치고 열심히 염불을 하여 극락에 갔다. 그러나 극락에 태어나는 것도 좋지만 결혼하여 10년이 지나도록 한 번도 아내와 잠자리를 하지 않으면서 아미타불을 외우고 왕생만을 추구했다는 광덕의 모습은 오늘날 속인의 시각으로는 언뜻 이해가 되지 않을 것이다. 그러나 당시에는 이처럼 '염불왕생'이 널리 성행했다.

그런데 이보다 더 절절한 염불 수행을 한 사람이 있으니 바로 욱면 낭자이다. 밤을 새워 염불을 하다가 쏟아지는 잠을 쫓기 위해 손바닥을 뚫고 노끈에 묶어 이를 흔들었다고 하니 그 신심이 얼마나 간절했는지 알 수 있다.

경덕왕 때 강주(지금의 진주)에서 신도 수십 명이 극락세계에 뜻을 두고 그 고을에 미타사를 세운 뒤 1만 일을 기약하는 계를 만들고 염불을 외웠다. 그때 귀진의 집에 욱면이라는 여종이 있었는데 욱면은 늘 주인을 따라 절에 갔다. 하지만 법당 안에 들어가지는 못하고 뜰에 서서 스님을 따라 염불하였다. 그것을 본 주인은 욱면이 주제넘은 짓을 한다고 생각하여 매일 벼 두 섬씩을 주어 하룻저녁에 다 찧게 하였다.

그러나 욱면은 초저녁에 벼를 다 찧어 놓고 절에 가서 염불하기를 밤낮으로 조금도 게을리하지 않았다. 욱면은 뜰의 좌우에 긴 말뚝을 세우고 두 손바닥을 뚫어 노끈으로 꿰서 말뚝에 잡아매고 합장하였다. 그러고는 잠이 오면 이를 좌우로 흔들어 잠을 쫓았다. 그때 하늘에서 부르는 소리가 들렸다.

"욱면 낭자는 법당에 들어가서 염불하라."

절의 스님들이 그 소리를 듣고 욱면에게 권하여 법당에 들어가 정진하게 되었다.

얼마 후에 서쪽에서 하늘의 음악이 들려오자 욱면의 몸이 허공으로 솟아올라 대들보를 뚫고 나갔다. 그리고 자기 몸을 버리고 부처님 몸으로 변하여 연화대에 앉았다. 그러고는 큰 빛을 내면서 날아가는데 공중에서는 풍악 소리가 그치지 않았다.

그 법당에는 지금도 욱면이 뚫고 나간 자리가 있다고 한다.

『삼국유사』

원왕생 원왕생이 얼마나 그리웠으면
손바닥을 뚫어 잠을 쫓으며

부처님을 밤새워 불렀겠는가.

깊고 길은 믿음이 하늘을 날아 서방으로 향하였도다.

나무아미타불!

■ 진주 송 보살

경상남도 진주에 가면 송 보살이라고, 내가 어려서 봤던 사람이 있었다. 길가에 다니다가 만나서 우리가 "어디 가십니까?" 인사를 하면 "응" 하고 사람은 쳐다보지도 않고 그대로 가기만 하는 그런 사람이었다. 내가 중이 된 뒤 그이가 거의 아흔 살이나 살다가 돌아가셨다. 그 집은 가난한 살림이었는데 절에 불공이 있으면 와서 거들어 주고 떡 부스러기나 얻어다 아이들 먹이는 형편이었다. 그렇게 가난하게 살면서도 송 보살은 자나깨나 염불을 하였다.

이 송 보살은 자기가 죽기 나흘 전에 진주 신도를 다 찾아 만나면서 "내가 나흘 뒤 아무 일, 저녁을 먹고서 어둑해질 때 가겠으니 부디 염불 잘 하십시오. 나는 먼저 극락세계 가니까 거기 가서 만납니다." 하며 인사를 하고 다녔다. 하지만 사람들은 아마 나이가 하도 많은 노인이라 망령이 들어서 정신이 좀 이상해진 것 같다고 생각하며 모두 곧이듣지를 않고 지나쳐 버렸다.

그런데 그날, 아침 먹고 나서 송 보살은 손자고 누구고 식구들을 아무데도 가지 못하게 하고는 불러 앉혀 놓더니 "내가 오늘

저녁때 해질 무렵에 간다. 너희들은 부디 딴짓 하지 마라. 극락도 있는 거고 천당도 있고 지옥도 있는 줄 알고, 또 사람이 부처가 되는 법이 있으니 잘 명심하고 신심으로 살아야 한다."고 당부를 하였다.

그리고 오후가 되니까 가서 물 데워 오라고 해서 목욕을 하고 새 옷으로 갈아입고는 "너희들 밥 먹고 나서 아무데도 가지 마라. 저녁 일찍 해 먹어라."고 다시 당부하였다. 그래서 식구들은 할머니가 뭐 정신이 이상하거나 망령이 든 것 같지도 않게 태연하고 엄숙하니까 행여나 싶어서 모두 시키는 대로 저녁 일찍 해 먹고 모두 아이들도 못 나가게 하였다. 어두워지기 시작하니 요를 펴라고 해서 요를 펴니까 요 위에 앉아서 또 얘기를 하였다.

"이 세상이 다 무상無常하고 여기는 고해苦海고 불붙은 집이다. 그러니 아예 방심하지 말고 네 일 좀 해야지 만날 육체, 몸뚱이 그렇게 가꾸어 줘 봐야 갈 때는 헛수고했다고 인사도 안 하고 나를 배반하고 가는 놈이다. 몸뚱이라는 건 그런 무정한 놈이니 그놈만 위해서 그렇게 살지 마라. 나도 평생 염불해서 이런 좋은 수가 있지 않느냐.

구십장수九十長壽도 하고 병 안 앓고 꼬부라지지도 않고 그리고 가는 날짜 알고……. 내가 지금 말만 떨어지면 간다. 곧 갈 시간이 되었어. 이러니 너희들도 그랬으면 좀 좋겠느냐. 두 달이고 일 년이고 드러누워 똥을 받아 내고 이래 놓으면 그 무슨 꼴

이냐. 너희한테도 빌어먹을 것도 못 벌어먹이고 모자간에 서로 정도 떨어지고 얼마나 나쁘냐. 부디 신심으로 염불도 하고 부디 그렇게 해라."

이렇게 말한 뒤 살며시 눕더니 사르르 잠든 것처럼 가 버렸다. 그리고 얼마 있다가 그만 그 집에서 굉장히 좋은 향내가 나고 또 조금 있으니 서쪽을 향해서 환히 서기방광을 해서 불났다고 소방대가 동원이 되기까지 했다. 불교 신도들이 이 소문을 듣고 "송 보살이 예언한 대로 돌아갔다. 열반을 했다."며 진주 신도라는 신도는 수천 명이 모여 와서 송장에 대해서도 부처님같이 생각해서 무수배례無數拜禮하고, 마당에, 길에, 뜰에 신도들이 꽉 차게 모여 가지고 절도 하고 돈도 내어서 아주 굉장하게 화장을 하였다. 화장 후에 사리가 나와서 사리탑을 지어 모셔 놓은 것이 연화사에 있는 낯선 저 탑이라고 한다.

청담 스님, 『금강경 대강좌』

나무아미타불! 나무아미타불!
아무 뜻도 모르고 이렇게 부르기만 하면 되느니
그 공덕으로 정신이 하나 되어
밝고 밝은 부처님의 지혜가 열리리라.
나무아미타불!

■ 쌍암사 도일 스님의 아버지

쌍암사 도일 노스님의 부친께서 늦게 혼자되어 딸이 있는 절에서 기거할 때였다.

절집에 와서는 그냥 먹고 놀면 안 된다며 잠시도 쉬지 않고 절 구석구석을 돌며 밭도 매고 해우소도 청소하며 밤이면 새끼를 꼬았다. 그분은 입담도 좋아서 이야기책 백 권을 좋이 외웠다. 밤마다 노처사가 들려주는 구수한 이야기에 동자승들은 밤이슬이 젖는 것도 몰랐다.

노구에 무리한 울력으로 처사가 병이 났는데 구수한 입담만은 그대로여서 '아이고 나 죽네!', '아이고 아파 죽겠네!' 하는 목소리가 얼마나 구성진지 정말 편찮은가 싶을 정도였다.

하지만 옆방의 고시생은 노처사의 시봉을 하느라 단 한순간도 눈을 붙이지 못하고 하던 공부를 놓아야 할 형편이었다. 그래서 도일 스님이 노처사에게 말했다.

"모두가 정진하는 곳이 절집이거늘 노처사는 몸에 잠시 병이 찾아든 것을 가지고 온 절 안 식구들을 편치 않게 하니 아무래도 다시 속가로 돌아가셔야 할 것 같습니다."

"그럼 이 늙은 몸뚱이가 아파서 약 한 첩도 못 쓰고 금방 죽게 생겼는데 어찌하면 좋겠습니까? 스님."

"몸뚱이 조금 아픈 것도 그 야단법석을 떠시니 죽을 날을 당해서는 이 절이 아니라 온 동네가 떠들썩하겠습니다."

"그럼 아파도 아픈 것 같지 않고 죽어도 죽는지 모르게 하는 묘책이라도 있습니까? 스님."

"그럼 있다마다요. 아파도 좋고 또 죽을 때는 아미타 부처님께서 일문권속을 대동하고 친히 오셔서 영접을 하신다고 하는데 오늘부터 '아미타불' 염불을 하겠습니까?"

"그럼요. 스님, 하다마다요! 어찌하면 됩니까?"

"다른 것은 아무것도 하지 말고 오로지 '나무아미타불'만 하세요. 새끼를 꼬면서도 '나무아미타불!', 지게를 지면서도 '나무아미타불!', 길을 걸으면서도 '나무아미타불!', 해우소에 가서도 '나무아미타불!', 잠을 자면서도 '나무아미타불!' 이렇게만 하시면 돌아가시는 날까지 아프지도 않고 돌아가실 때도 잠자는 듯이 편안하게 가실 수 있습니다."

"스님, 잘 알았습니다. 지금부터는 '나무아미타불'만 하겠습니다."

도일 스님이 며칠 출타 후 돌아와 노처사를 뵈니 염불을 하긴 하시는데 '나무아미타불 관세음보살, 나무아미타불 관세음보살' 하는 것이었다.

"아니 처사님, '나무아미타불'만 하시라고 했는데 어찌해서 '관세음보살'까지 하십니까?"

"아! 스님, 내가 책에서 보니까 '나무아미타불' 하는 것은 내게 좋은 것이고 '관세음보살' 하는 것은 아들에게 좋다고 하니 나만 좋으면 뭐합니까. 아들도 좋아야지요. 그래서 '나무아미타불 관세음보살' 하고 있습니다."

"아들은 아들이 직접 해야 좋지 노처사님 앞길이 바쁜데 늙은 아들 일까지 걱정하면 언제 아미타 부처님이 영접해 오시도록 하시겠습니까. '나무아미타불'만 하시고 절에 계시던지 아들 일이 걱정이 되면 당장 속가로 돌아가십시오."

"아, 그런 겁니까? 그럼 이제부터는 '나무아미타불'만 하겠습니다."

그 후로 노처사는 구수한 이야기 입담 대신에 곡괭이질을 하면서 박자를 맞추어 염불을 했다. 곡괭이를 들어 올리며 '나무아미타불!' 밭에 내리꽂으며 '나무아미타불!' 오른발을 내딛으며 '나무아미타불!' 왼발을 내딛으며 천천히 '나무아미타불!' 새끼를 꼬면서는 꼬아지는 양에 따라 처음엔 천천히 '나, 무, 아, 미, 타, 불' 하다가 새끼가 다 꼬아질 때 즈음이면 빨라지는 손동작에 따라 '나무아미타불!' 하고 빨리 염불을 해서 절 골짜기엔 노처사의 염불 소리가 끊이지 않았다.

몇 번의 가을이 지나고 어느 깊은 겨울밤, 동자를 앉혀 놓고 구수한 옛날이야기를 들려주던 처사가 아무 말 없이 고개를 벽에 기대어 있었다. 이를 이상하게 여긴 동자가 뛰어와 스님께 "할아버지가 아무래도 이상해요. 이야기하다가 자는데 자는 것 같지 않아요!" 하였다.

스님이 처소에 가 보니 노처사는 편안히 웃으며 앉은 채로 머리를 벽에 기대고 그대로 열반에 들어 있었다.

구전

숨이 다할 때 나무아미타불을 열 번만 정성껏 부르면

아미타불께서 보살성중과 함께 직접 마중을 나오신다니

노처사 벽에 기댄 채 평화로운 모습이여

이 또한 위없는 법문이로다.

나무아미타불!

■ 극락 가려다 지옥에 간 총각

옛날 어떤 동네에 온갖 미운 짓을 다하고 돌아다니는 총각
이 하나 있었다. 그러던 총각이 병으로 몸져누워서 죽게 되었다.

그런데 총각이 가만히 생각해 보니 온갖 나쁜 짓을 하다가
병이 들어서 곧 죽게 되면 반드시 나쁜 갈래로 떨어질 게 분명하
였다. 그래서 어머니께 빨리 스님을 모셔 오게 하였다.

스님은 "열 번만이라도 나무아미타불을 부르게 되면 모든
업보를 뒤로하고 극락세계에 태어날 수 있다."고 일러주었다.
그래서 총각은 염불을 한 번, 두 번 하다가 일곱 번을 하고 죽어
서 저승으로 가게 되었다.

가다 보니 수많은 사람이 보따리 하나씩을 들고 가는데 자
신의 보따리가 제일 작았다. 그런데 바로 옆에 꼬부랑 할머니가
큰 보따리를 메고 가고 있었다. 그때 총각은 자신이 착한 일을
한 것이 없어서 자기의 보따리가 제일 작은 줄 알고는 욕심이 생

겼다. 그래서 할머니에게 "할머니는 이 가벼운 것 메세요. 제가 대신 무거운 것 져 드리겠습니다." 하고는 얼른 바꿔 메고 쏜살같이 달려갔다.

드디어 저승 염라대왕 앞에 가니 염라대왕이 보따리를 풀어 보라고 하였다. 그래서 큰 보따리를 풀어 보니 웬 쭉정이만 가득하였다. 뒤늦게 도착한 할머니도 염라대왕 앞에서 보따리를 풀었는데 토실토실한 열매가 일곱 개 들어 있었다.

이것을 본 염라대왕은 "그대는 극락으로 가라." 하여 할머니는 극락세계로 가고 총각은 끝내 고치지 못한 고약한 심보 때문에 지옥으로 들어갔다고 한다.

구전

스스로 참회하고 다시 업을 짓지 않는 지계 수행으로
선근을 얻지 못하면 불현듯 장애가 샘솟듯 솟아나
결코 윤회를 벗어날 수 없으니
어리석은 중생은 업장 소멸이 급하고 급하다.
나무아미타불!

■ **천타불 만타불**

조선 시대 중엽 경주 남산 아래 한 마을에 김씨 할머니와 박씨 할머니가 살았다. 두 노인은 친한 이웃 사이였다.

　그런데 김씨 할머니는 자주 절에 다니면서 불공도 드리고 스님께 법문도 들어서 끝없이 윤회하는 사바세계가 괴로운 세계인 줄을 알았다. 그래서 다음 생에는 아미타불 극락세계에 태어나기를 원하면서 열심히 염불하였다.

　그러던 어느 날 김씨 할머니가 밭에서 일을 하고 있는 박씨 할머니에게 "할멈, 나는 내일 극락세계로 가네." 하고 소리쳤다.

　평소 친하게 지내면서 극락세계에 관하여 귀동냥한 것이 있던 박씨 할머니는 마음이 급해져서 "그럼 나도 극락세계로 가야지." 하고는 호미와 소쿠리를 내던지고 급한 마음에 "천타불 만타불, 천타불 만타불" 하며 집으로 쫓아갔는데 미처 집에 다 가기도 전에 서쪽으로 합장하고 서서 극락세계에 갔다고 한다.

　김씨 할머니도 다음날 때가 되어 조용히 왕생했다고 한다.

구전

평소 염불도 안하고 살았지만
자신도 친구 따라 꼭 가야겠다는 원(願)이 들어서
오로지 급하고 간절한 마음[信]이 하나 되어
천타불 만타불이라 부처님을 불렀으리라[行].
나무아미타불!

■ 연기군 봉암리 정 보살

충남 연기군 서면 봉암리에 정 보살이 살고 있었다.

지금부터 36년 전 월현사에 찾아와서 스님께 "나는 자손도 없이 늙은 영감하고 사는데 영감도 오래 못 살 것 같고, 내가 만약 늙고 병들어 오래 고생한다면 물 한 모금 떠 넣어줄 사람도 없는데 누가 병간호를 하겠습니까. 제일 큰일은 죽음인데 어떻게 해야 죽을 때 남의 신세 지지 않고 고생 않고 자는 듯이 갈 수 있습니까?" 하고 여쭈었다.

월현사 스님은 "부처님 말씀에 보면 생사를 마음대로 할 수 있다고 하였다." 하시며, "『아미타경』에 보면, 누구를 막론하고 나무아미타불 열 번만 불러도 생사를 해탈하고 왕생극락 한다고 하였으니, 새벽에 일찍 일어나 서쪽을 향해 합장하고 서서 나무아미타불을 열 번 부르고 자신의 왕생극락을 축원해라. 이렇게 죽는 날까지 일생 동안 염불한다면 임종 시에 고생하지 않으며 아미타 부처님이 연화대로 모셔간다."고 일러 드렸다.

정 보살은 36년간을 염불을 하며 법회도 열심히 잘 나오고, 식사도 잘해서 건강을 유지하였다. 그러던 중 90세 되던 1994년 12월 24일 오전 12시경, 이웃집 사람이 부엌에 앉아 있는 모습이 이상하여 가서 불러보니 대답이 없었다. 그래서 만져 보니 수족이 차고 정신이 없었다. 구급차를 불러와 진찰을 하였더니 진찰한 의사는 "약 한 시간 전에 심장이 멈추었다."고 하였다. 좌탈입망坐脫立亡한 것이다.

‘나무아미타불’ 염불을 한 공덕으로 생전 원했던 대로 누구에게도 괴로움을 끼치지 않고, 고통 없이 이 세상을 떠난 것이었다. 월현사 신도들이 함께 장례도 잘 치루고, 칠재와 사십구재를 성대히 잘 지냈다.

인터넷 홈페이지(www.manbul.tv)

무엇이 염불 공덕인가
사람들은 현세의 이익을 구해 저축은 하면서
닥쳐 올 죽음을 위해서는 준비에 소홀하다.
편안히 앉아 간 정 보살이 바로 나의 모습이어야 하리.
나무아미타불!

■ 죽을 병 고친 월개의 딸

부처님께서 대림정사 중각 강당에 계실 때에 비사리성에 월개라는 장자가 살고 있었다. 그 장자는 탐욕심이 많아서 부자이면서도 보시하는 데 매우 인색한 사람이었다.

마침 그 나라에 무서운 전염병이 돌아 많은 사람이 목숨을 잃었다. 다른 사람들이 병으로 목숨을 잃을 때는 담담하게 바라보기만 하던 그도 오십이 다 되어 얻은 외동딸이 병에 걸리자 그만 미칠 것만 같았다. 의술이 뛰어나다는 의사나 무당을 동원해도 효험이 없었다.

평소에 부처님을 믿지 않던 그도 죽음을 앞둔 딸의 병을 고치기 위해 부처님을 찾지 않을 수 없었다.

"부처님, 제 딸을 살려 주옵소서. 무남독녀 외동딸입니다."

부처님은 참회하며 눈물로 하소연하는 그의 말을 조용히 듣고 계시다가, "그대를 제도하여 깨달음의 세계로 이끌 수는 있지만 이미 정해진 업력은 나도 어쩔 수가 없으니 돌아가서 딸의 마지막을 지켜봄이 나을 것이다."라고 말씀하셨다.

이 말을 듣고 월개 장자는 대성통곡을 하였다. 얼마나 슬피 울던지 보다 못한 부처님께서는 "그 병을 물리칠 방법을 알려 줄 테니 잘 듣고 그대로 행하라. 이곳으로부터 십만억 불토를 지난 서방에 극락세계가 있고, 그 국토에 무량수여래라는 아미타 부처님이 계신다. 좌우에 관세음과 대세지 두 보살을 거느리고 일체중생에게 한량없는 자비를 내리시며 지금도 계속 설법하고 계신다. 그대는 그쪽을 향해 이제까지 지어 온 업장을 참회하고 그 부처님을 간절히 부르도록 하라. 그리고 그 부처님과 두 보살에게 간곡하게 딸의 쾌유를 간청하라."고 하셨다.

월개 장자는 급히 집으로 돌아가 향화를 올리고 연등을 밝힌 뒤 머리를 땅에 대고 서쪽을 향해 정성스럽게 나무아미타불을 간절히 부르기 시작했다. 그러자 서방세계 아미타 부처님이 월개의 간절한 소원에 감응하여 즉시 관세음, 대세지보살과 함께 월개의 집 위에 나타나서 큰 광명을 비추니 월개의 딸은 물론 모든 환자가 일시에 쾌유하였다고 한다.

『청관음경』

아미타 부처님의 자비는 무량하고 무량하여서
죽어 가는 영가뿐 아니라 현실의 고통도 구제하시네.
중생이 박복하여 미타불 자비를 믿지 못하니
의심 많고 어리석은 중생심이 가엾도다.
나무아미타불!

■ 염불하여 사리가 난 앵무새

중국 하동 땅에 가면 앵무새 사리탑이 있다. 당나라 덕종 당시의 실화이다.

하동 땅에 배씨 성을 가진 이가 앵무새 한 마리를 기르고 있었다. 그 앵무새를 처음 얻을 때에 앵무새를 주면서 하는 말이, 이 새는 음성이 매우 아름다우며 사람 말을 잘할 줄 아니 무엇이든지 한 번 가르쳐 주면 그대로 하는 새라고 하였다. 그리하여 그 새를 얻은 배씨는 무척 반가워하였다.

배씨는 일찍이 불연이 있어 많은 경전을 보고 염불을 하고 있었다. 경에 보니 극락세계에는 모든 새들이 아름다운 음성으로 법음을 연창한다고 되어 있는지라, 이 새 또한 그와 같은 것이라 하여 이름을 '재범경在梵徑'이라고 지었다.

'재범경'이란 부처님 경전에 실린 새라는 뜻이다. 말만 할 줄 아는 것이 아니라 아주 영특하여 염불을 가르쳐 주니 그대로 하였다. 그리고 삼장육재일에는 주인이 가서 오늘은 잿날이니 아침 한 끼만 먹고 먹지 말아야 한다고 하면 아침에 한 번만 먹고는 종일 먹지 않았다. 그 먹이를 쳐다보지도 않는다는 것이다. 그 의지가 굳셈이 계행을 엄수하는 청정한 범승과도 같았다. 주인 배씨는 비록 금수일망정 귀여워하며 항상 친근하게 생각하고 또한 공경하였다.

그리고 염불을 다시 가르쳐 말하되 처음에는 생각을 가지고 염불을 함이나 나중에는 생각함이 없이 염불하는 것이라고 말을 해 주니 머리를 들어 쳐다보면서 날개를 피어 툭툭 친다는 것이다. '잘 알겠습니다.'라고 응답하는 뜻이었다.

그리하여 앵무새는 항상 염불을 하고 있었다. 간혹 아무 소리가 없어서 염불하고 있느냐고 물으면 묵연히 대답 안 할 때가 있으며, 혹은 가서 염불 안 하고 있느냐고 물으면 그만 소리를 내어 '아미타불' 하고 짖어 대는 것이었다. 묵묵히 대답하지 않음은 무념으로 염불하고 있다는 뜻이며, 안 하느냐고 물을 때는 하고 있다는 뜻으로 크게 '아미타불'을 불렀다. 이와 같이 간간히 시험해 보면 항상 상쾌히 응해 주었다.

그 앵무새의 염불 소리는 참으로 아름다웠다. 마치 선녀가 부는 피리 소리처럼 맑고 아름다우며 처량하였다.

그러한 목소리로 염념히 상속하여 항상 염불을 하니 그 염불 소리를 듣는 자는 번뇌 망상이 씻어지는 듯 마음이 상쾌해지며 무한히 즐겁기만 하더라는 것이다. 그리고 그 맑고 청아한 염불 소리는 또한 듣는 자로 하여금 신심을 일깨워 주며 보리심을 발하게 해 주기도 하였다. 참으로 기특하며 자랑스러운 새였다.

그리하여 이 앵무새는 인근에 있는 사람들을 발심을 시켜서 염불을 하게 하였으며 사람들의 귀염과 존경을 받는 참으로 훌륭하며 장한 새였다.

그렇게 여러 성상이 지나간 후에 그 새도 세연이 다 되었는지 하루는 주인 배씨가 보니 아리따웠던 몸빛이 빛을 잃고 매우 초췌해 보이며 씩씩하고 활기차 보이던 그 모습이 시름시름 하였다. 그를 본 배씨는 "아마도 네가 이제는 그 몸을 버리고 극락세계로 갈 때가 된 것이로구나." 하였다. 그리고 "이제 내가 너를 위해 경쇠를 쳐 줄 터이니 이 경쇠 소리에 따라 염불을 할지어다."라고 하니 고개를 끄덕거렸다. 그리하여 경쇠를 한 번 쳐 주니 '아미타불' 하고 염불을 하였다. 또 경쇠를 쳐 주니 따라서 아미타불을 불렀다. 열 번을 쳐 주니 열 번을 다 따라서 아미타불을 처량하게 불렀다. 열 번을 다 채워 부르고는 날개를 모으고 발을 오그리며 주저앉았다. 그리하여 눕지도 않고 움직이지도 아니하고 그냥 가만히 있는 것이었다.

그 순간 온 집안에 향취가 풍기며 그 몸에서는 다시금 광채가 빛났다. 그대로 그 몸을 버리고는 이윽고 서방 극락세계로 떠나고야 만 것이다. 이를 본 배씨는 비감한 마음과 섭섭한 마음이 금할 길이 없었다. 때는 덕종 정원 19년 7월 4일이었다. 이 말을 들은 인근 마을 사람들도 와서 보고는 슬퍼하며 염불을 해 주었다.

주인은 비록 금수의 몸일망정 그 지혜롭고 영특함이 사람보다 나음을 찬탄하고 추모하여 사람과 같이 화장을 해 주었다. 그 몸이 다 타고 난 뒤 그 몸에서 광채가 빛나기에 그 재를 헤쳐 보니 사리가 있었는데 그 빛깔이 백옥같이 희며 눈이 부시게 빛났다.

훗날 고승 혜관 스님이 탑을 세워 사리를 봉안하여 후세에 그 이적을 전하게 했다.

『왕생록』

얼마나 기특한 일이며 신기한 일인가.
이 염불법이 얼마나 수승하고 좋은 법이면
금수도 염불을 하여 사리가 나겠는가.
하물며 사람으로 태어나 어찌 염불하지 않을 터인가.
나무아미타불!

■ 전병롱 거사의 아미타불 친견기

　숙세宿世의 업을 닦고 극락왕생하기를 발원하는 아미타불 삼천 일 기도를 봉행하던 중, 천 일쯤 지난 불기 2546년(서기 2002년) 음력 11월 보름에 삼업三業을 청정히 하고 7일의 가행정진에 들어갔다.

　시방 삼세의 여러 부처님과 보살님께 지극 정성으로 숙세의 업을 참회하고 극락왕생을 발원하는 1,080배의 오체투지례五體投地禮를 올렸다. 몸으로 예경禮敬을 하고 입으로 아미타불을 염송하면서 마음으로 청정무구한 적광寂光을 관하는 실상례實相禮를 올리고 나서, 새벽 2시경 염불선정念佛禪定에 들어갔다.

　밤은 깊고 고요하였으며 달빛은 유난히 밝았다. 삼라만상이 정靜에 든 깊은 밤에 선정에 들면, 모든 번뇌 망상이 씻은 듯 가버리고 쉽게 일념一念이 되고 정념(淨念, 正念)이 되며, 점점 깊어져 무념無念이 되면 나의 육신도 벗어 버리고 나라는 생각조차 없어져 버리는 공적空寂 영지靈知한 참마음의 세계에 이른다.

　시간이 흘러 깊은 삼매에 들었는데, 갑자기 온 우주가 무너지는 듯한 굉음轟音과 함께, 한 줄기 빛이 솟아 점점 커지면서 온 천하 대지가 황금으로 되었다.

　무섭고 두려운 가운데 아미타불을 염하고 관하니, 눈앞에 맑고 깨끗한 큰 연못이 나타났는데, 희고 붉고 푸른 빛깔의 여러 가지 연꽃이 보이고, 꽃마다 여러 가지 밝은 빛을 발하여 아름답기가 이루 말할 수 없었으며, 연꽃 위에는 동자들이 보였다. 한편으로는 기쁘고 한편으로는 놀라워하며 고개를 들어보니, 찬란한 광명을 발하는 아미타 부처님이 계시고 관세음, 대세지 두 보살님께서 양옆에 계셨다.

관세음보살님을 뵈니 이내 마음이 안정되었는데, 관세음보살님께서 아미타 부처님께 예를 올리라 하시기에 삼배를 올리고 장궤합장을 하고 있었다. 그러자 아미타 부처님께서 정수리에 감로수를 부어 주셨는데, 나와 우주 전체가 밑이 빠져 버려 텅 빈 허공이 되어 버리는 느낌이 들었다.

정신을 차리고 있으니, 아미타 부처님께서 "너는 숙세의 선근이 깊어 이곳에 왔으니 여러 가지 수행문 중에 정토와 선정삼매[念佛三昧]를 겸해서 수행하는 것이 가장 빠르고 수승하니, 정토를 선양하고 네 가지 은혜를 잊지 말아라."라고 말씀하셨다.

눈물을 흘리며 예를 올리는 순간 들리는 새벽 대종 소리에 선정에서 깨어났다. 아직도 부처님 광명이 남아 있는 듯하고, 향이 피워져 있지 않아도 석불石佛님 주위로 전단향 내음이 가득했으며 주위는 적막하고 고요하기만 했다.

큰스님께서는 공부의 경계를 함부로 말하지 말라 하셨는데, 여러 염불 수행자들과 함께 절차탁마切磋琢磨하는 뜻에서 외람되이 누를 무릅쓰고 글을 쓴다.

누구든지 철저히 계를 지키고 삼업을 청정히 하며 일심으로 염불하면 부처님을 친견하고 극락정토를 볼 수 있다.

「전병롱記」, 2548년 4월 5일자

讚

석가모니 부처님 설하셨듯이
'중생으로서는 참으로 믿기 어려운 법'이지만
모두 극락세계에 태어나기를 소원하며
온 마음과 온몸으로 '나무아미타불!' 부르면
누군들 부처님 뵙지 못하리.

* 홍원 전병롱 원장은 하루 일과가 나무아미타불 정진 수행으로 일관되어 있다. 새벽 1시경부터 올리는 예불, 매일 거르지 않는 1,080배, 일주일에 두 번 새벽에 올리는 삼천 배. 늘 함께하는 나무아미타불 염불과 염불삼매……. 그리고 낮에는 서울 종로 위강헌한의원에서 광제창생을 베풀고 있다.

혜총 스님

　1953년 양산 통도사에 동진출가하여, 자운 대종사의 맏상좌인 보경 스님을 은사로 득도, 자운 스님을 계사로 사미계, 보살계를 수지하고 범어사에서 동산 스님을 계사로 비구계를 수지, 지효 대선사께 건당하였다. 특히 근세 대율사이신 자운 대종사를 40년 동안 시봉하였다. 통도사, 표충사, 동화사, 해인사, 선암사, 범어사 선원에서 9안거를 성만한 후 범어사에서 대덕법계를 품수하고 지관 대종사로부터 전강, 전계하였다. 해인사 승가대학과 범어사 승가대학, 동국대학교 불교학과를 졸업하고 동 대학원에서 석사 과정을 수료하였다.

　《대한불교신문》을 창간하여 편집인, 발행인, 사장을 겸하였으며 동국대 석림동문회장, 해인사 승가대학 총동문회장, 범어사 부주지, 대한불교어린이지도자연합회 회장과 학교법인 원효학원 이사, 대한불교조계종 포교원장, 사회복지법인 불국토 대표이사, 용호종합사회복지관장, 부산불교사회복지기관협의회장, 대한불교사회복지연구원장, 사단법인 한국불교발전연구원 이사장, 부경대학교 불교교수회 지도법사, 부산불교신도회 상임지도법사, 사단법인 참여불교운동본부 상임대표, 대한불교어린이지도자연합회 총재 등을 역임하였다.

　현재 감로사 주지이며, 재단법인 대각회 이사장으로 활동, 실상문학상 외 5개 대상을 제정하고 실상문학상 이사장을 맡아 지금도 근행 정진하며 포교에 진력하고 있다. 특히, 최근에는 조계종 총본산 성역화사업 추진위원회 상임부위원장 겸 모연위원장을 맡아 종단 발전에 이바지하고 있다.

　그 밖에 대한불교조계종 성철 종정 표창, 대한불교조계종 포교대상 공로상, 대원상을 수상하였으며, 대통령 표창, 국무총리 표창 및 국민훈장 동백장 등을 수훈하였다.

　저서로『감로의 문을 연 부처님』,『나무아미타불 예찬』,『아미타 부처님을 만난 사람들』,『꽃도 너를 사랑하느냐』,『새벽처럼 깨어 있으라』,『공양 올리는 마음』 등이 있다.

혜총 스님의 아미타경 강설

초판 1쇄 펴냄 2016년 4월 11일
　2쇄 펴냄 2017년 12월 4일

강　　설　혜총
발 행 인　전설정
편 집 인　김용환
펴 낸 곳　조계종출판사
출판등록　제300-2007-78호(2007.04.27)
주　　소　서울 종로구 삼봉로 81 두산위브파빌리온 230~2호
전　　화　02-720-6107~9
팩　　스　02-733-6708
홈페이지　www.jogyebook.com

ⓒ 혜총, 2016
ISBN 979-11-5580-071-3 03220